훈몽자회

훈몽자회 3360

발 행 | 2018년 07월 24일

역 자 | 오종필

펴낸이 | 한건희

펴낸곳 | 주식회사 부크크

출판사등록 | 2014.07.15.(제2014-16호)

주 소 | 경기도 부천시 원미구 춘의동 202 춘의테크노파크2단지 202동 1306호

전 화 | 1670-8316

이메일 | info@bookk.co.kr

ISBN | 979-11-272-8434-5

www.bookk.co.kr

訓蒙字會

崔世珍 撰

훈몽자회 3360

CONTENT

4-1. 상권 [天然]

분류	문자수	1120자	면
· 천문(天文)	72자	....	14
· 지리(地理)	136자	....	18
· 화품(花品)	16자	....	27
· 초훼(草卉)	64자	....	28
· 수목(樹木)	40자	....	32
· 과실(菓實)	40자	....	34
· 화곡(禾穀)	24자	....	37
· 소채(蔬采)	64자	....	38
· 금조(禽鳥)	88자	....	42
· 수축(獸畜)	64자	....	48
· 인개(鱗介)	40자	....	50
· 곤충(昆蟲)	104자	....	54
· 신체(身體)	208자	....	61
· 천륜(天倫)	96자	....	74
· 유학(儒學)	32자	....	80
· 서식(書式)	32자	....	82

4-2. 중권 [人爲]

분류	문자수	1,120자	면
·인류(人類)	112자	....	85
·궁택(宮宅)	96자	....	92
·관아(官衙)	88자	....	98
·기명(器皿)	312자	....	103
·식찬(食饌)	80자	....	123
·복식(腹飾)	88자	....	126
·주선(舟船)	32자	....	133
·거여(車輿)	24자	....	135
·안구(鞍具)	24자	....	137
·군장(軍將)	64자	....	138
·채색(彩色)	24자	....	142
·포백(布帛)	24자	....	144
·금보(金寶)	32자	....	145
·음악(音樂)	16자	....	147
·질병(疾病)	80자	....	148
·상장(喪葬)	24자	....	153

4-3. 하권. [混合] 1,120자

·잡어(雜語) .... 156~225

[底本 : 訓蒙字會 / 단국대학교동양학연구소(단국대학교출판부,1983)-동양학총서 제1집.
  － 叡山文庫本(예산문고본); 《훈몽자회 초간본으로 여겨짐; 영인본 》]

머리말

이 《훈몽자회》는 'ㄱ'을 '기역(其役)'이라고 이름 부른 최초의 서물이다. 얼핏 들으면 《훈민정음》과 혼동된다. 첫소리가 3마디나 똑같기 때문이다. 뒷말 자회(字會)를 강조해서 읽으면 숫한 문자 교습서(文字敎習書)중의 하나다. 하지만 한 발치 다가서서 들여다보면 조선의 언어대중이 부리고 누리던 표정(表情)을 어렵지 않게 읽을 수 있다.

송나라의 음운학 발전 – 명나라의 《홍무정운(洪武正韻),1375》 – 《訓民正音解例本(훈민정음해례본),1446》 –동국정운 《(東國正韻),1448》 《홍무정운역훈(洪武正韻譯訓),1455》간행 이후, 초기 한글소설 등 대중화로 이어지기까지 우리말 음운사에서 가교역할을 톡톡히 해낸 고마운 책이다. 더군다나 훈민정음 반포(1443년) 이후 80년 되는 시점(1527년)에 나와 당시 입말을 글말로 표기(表記)한 것을 두 눈으로 확인할 수 있다. 이것이 핵심이다.

말은 생각을 담은 그릇이라는 관점에서 굳이 보지 않더라도, 출간 당시(1527년) 조선 인민대중이 회자하던 낱말이 고스란히 화석(化石)처럼 남아있음을 볼 수 있다. 그 낱말들은 우리가 촌스럽다고 말하는 고어(古語)다. 만일 어떤 사물에 대한 고유 명칭이 있다면 그 말을 만든 사람의 생각과 삶에 분명히 연관되어 있다. 그래서 그 사물에 생명을 불어넣게 되고, 의미가 생기고 파생하면서 우리 언중(言衆)의 입말에 살아 숨 쉬게 되는 것이다. 또 그 말은 어머니와 어머니를 통해 후대에 전달된다. 그러므로 이보다 더 큰 문화(文化)라고 들이댈 만한 것이 드물지 싶다.

우리가 밟고 있는 이 땅은 '땅'이 아니라 '따(sdta)'였고 샘(泉)은 '심(siam)' 종이는 '죠희(johi)'로 불렸다. 이 말들은 예전에 시골에서 쓰던 말인 줄 알았지만, 이것은 500년 전에 표준어이다. 그 말은 지금도 어디선가 약간 발음이 다르게 쓰이고 있을 것이다.

지은이 최세진(崔世珍,1468~1542)선생은 당대 최고의 언어학자였다. 한글 창제이후 2세대로 보이는 세조 11년(1465)에 태어나, 1503년(연산군9) 별시문과(別試文科)에 급제하였다. 이후 《홍무정운역훈》의 음계(音階)를 보완하고, 신숙주가 문자를 사성에 따라 구별한 《사성통고(四聲通考),1455년》에 자해(字解)가 없고 그간 달라진 발음을 보완하여, 1517년 《사성통해(四聲通解)》를 완성하였다. 그 밖에 《운회옥편(韻會玉篇), 1537》, 《소학편몽(小學便蒙), 1537》, 《이문집람(吏文輯覽), 1539》 등 운서, 옥편, 행정(외교)문서 등 언어관련 서책을 다수 편찬하였다. 평생 어문에 남다른 관심과 심혈을 기울였음을 알 수 있다.

후대에 〈 범례 〉편이 본문보다 훨씬 중요하게 평가되고 있다. 범례의 쓰임이 그러하듯 '책의 내용을 아는 데 도움을 주기 위하여 책 첫머리에 읽는 방법 등 보기를 들어 설명한 글' 이다. 바로 '일러두기' 다. 바로 최세진 선생 역시 범례 뒤에 본문(분류 문자의 훈과 음)을 읽고 익히는데 도움을 주기위하여 당시 통용되던 '정음(正音)' 사용에 관한 것을 편집 정리하게 된 것으로 보인다. 다시 말하면, 한글을 모르는 사람들을 위하여 한글자모의 발음과 용법을 간략하게 실은 것이다.

이 범례로 말미암아 훈민정음(訓民正音)이 우리 인민대중(大衆)에 상당히 정착되고 있었음을 확인할 수 있으며, 그 이후 우리가 현재 쓰고 있는 말로 진화 작용을 했던 것이다.

이 책의 편찬 동기는 인(引)에 기록돼 있다. 《천자문》과 《유합》에 대한 문제의식에서 출발했음을 알 수 있다. 4음보 시구인 천자문의 고사성어는 외우기는 쉽지만, 실물과 가깝지 않아 아이들의 한문공부에 적당치 않다고 보았다. 분류별 문자 학습 교본인 《유합》 또한 실자(實字)가 적어 어린이 학습교재로 부족하다고 보았다. 하지만 분류별 문자 학습교재란 점에서 《유합》의 분류방식을 수용한 것으로 보인다. 말하자면 유합(1540자)의 확장판인 셈이다. 옮기는 중에 지금은 인터넷 《 중국어/한자 사전 》에도 보이지 않는 문자가 더러 발견된다. 말하자면 실자에 충실하다보니 문자 선택이 좀 지나치다는 측면이 엿보인다.

하지만 조선 중종 때 한문자 학습이란 모든 학문으로 들어가는 관문이었음을 감안한다면, 저자가 얼마만큼 이 책에 공을 들였는지는 짐작하기 어렵지 않다. 내용을 보면 누구라도, 분야별 실자를 뽑아 어린이 학습에 도움을 주고자 편집한 저자의 의도를 충분히 알 수 있을 것이다. 지금도 문자의 권력은 예전과 크게 다르지 않다. 〈 상권 〉을 천연(天然)편, 〈 중권 〉을 인위(人爲) 편, 〈 하권 〉을 혼합(混合) 편으로 이름을 첨가하였다. 저자의 의도대로 4자씩 위에서 아래로 죽 읽어주길 바란다.

한편, 1971년 7월 [동양학총서 ; 제1편] 으로 《훈몽자회》를 출간한 단국대학교부설 동양학연구소 이희승(李熙昇)소장의 간행사를 아래에 옮겨 놓는다.

"《훈몽자회》는 本來 李氏王朝 제11대 임금 中宗 22年(西紀 1527)에 當代 漢學의 大家 崔世珍이 初學者의 漢字敎育을 爲하여 編纂한 것이나 이에 수록한 3360 個의 漢字에 대하여 各各 訓民正音(훈민정음)의 使用을 다시 復活시키는데 貢獻을 하였을 뿐 아니라, 그 凡例中에 訓民正音 運用에 대한 規範을 定하여 놓았으므로 爾後 이것이 金科·玉條와 같이 適用되었든 것이다.

더욱이 이 著書는 初學者들의 漢字學習의 敎材로 그 需要가 굉장히 많았든듯하여 서울을 비롯한 各地方에서 覆刊(복간)· 重刊이 盛行하여 그 普及이 洛陽의 紙價를 올렸든 것 같다. 따라서 훈민정음 再普及에 拍車를 加하였고 또한 正音發展史上에 劃期的인 轉機를 지어내게 되었든 것이다.

그러므로 이 著作은 漢字問題 以外에 우리 國語·國文을 硏究하는데 貴重한 材料가 되는 것이며 그 初刊이라고 믿어지는 最古板本을 再登場시키는 것은 우리 출판문화를 위해서 결코 가볍지 않으므로 本所 影印叢書의 제1편으로 이를 즐거이 上梓하는 바다."

2018. 7. 6. 보문산 시루봉아래 큰집 제2서재에서 오종필.

제1편　訓蒙字會引 (훈몽자회인)

臣竊見世之教童幼學書之家　必先千字次及類合　然後始讀諸書矣. 千字梁朝散騎常侍周興嗣所撰也. 摘取故事排比為文則善矣. 其在童稚之習僅得學字而已　安能識察故事屬文之義乎. 類合之書出自本國　不知誰之手也. 雖曰類合諸字而虛多實少無從通諳　事物形名之實矣. 若使童稚學書知字　則宜先記識事物該紐之字　以符見聞形名之實. 然後始進於他書也　則其知故事　又何假於千字之習乎. 孔子曰 '不學詩無以言' 釋之者曰 '多識於鳥獸草木之名.' 今之教童稚者　雖習千字類合　以至讀遍經史諸書　只解其字不解其物　遂使字與物二而鳥獸草木之名　不能融貫通會者多矣. 盖由誦習文字而已不務實見之致也. 臣愚慮切及此鈔取全實之字　編成上中兩篇　又取半實半虛者　續補下篇. 四字類聚諸韻作書　總三千三百六十字名之曰 《訓蒙字會》 要使世之為父兄者　首治此書施教於家庭總丱之習　則其在蒙幼者　亦可識於鳥獸草木之名而終不至於字與物二之差矣. 以臣薄識敢為此舉固知難逃僭越之罪也　至於訓誨小子盖亦不無少補云爾時.

　嘉靖六年四月　日折衝將軍行忠武衛副護軍臣崔世珍謹題

신이 가만히 살펴보면, 요즈음 어린이를 가르쳐 글을 배우게 하는 가문에서는 반드시 《千字文》을 먼저 떼고 나서 그 다음에 《類合》을 가르친 뒤에 비로소 여러 서책을 읽게 합니다. 이 《천자문》은 남조 梁나라 때 산기상시 주흥사가 편찬한 것인데 고사(故事)를 따다가 비교·배열해 놓았기 때문에 글귀를 인용해서 글을 짓는 데는 아주 좋습니다. 하지만 그런 고사를 어린 아이들 학습 과정에 두어서는 겨우 글자를 배우기만 할 뿐이니 어떻게 고사에 딸린 참 뜻을 살펴 알 수 있겠나이까?

《유합》이란 서책은 우리나라에서 나왔지만 누가 지어 냈는지 알 수 없으며, 비록 여러 문자를 종류별로 모았다고 하지만은 허자(虛字)가 많고 실자(實字)가 적어 사물의 형세와 이름이 갖는 실체(實體)를 통째로 깨닫는 이가 거의 없습니다. 만일 어린 아이들에게 글을 가르쳐 글자를 알게 하려면, 마땅히 먼저 사물(事物)에 해당되는 글자를 묶어 적어서 아이들이 보고 들은 것과 이름이 나타내는 실물(實物)이 부합되도록 해야 합니다. 그렇게 한 다음에야 비로소 다른 서책을 공부하도록 하면 자연스럽게 고사의 속뜻을 알 텐데, 굳이 무엇 때문에 천자문 학습을 빌리겠나이까?

공자님이 '시를 배우지 않으면 표현할 만한 것이 없다.' 말씀 하셨는데, 이를 풀이하는 자가 '조수(鳥獸)와 초목(草木)의 이름을 많이 알게 되는 것'이라고 합니다. 오늘날 어린이들을 가르치는 분들이 비록 《천자문》과 《유합》을 익혀서 두루 경서와 사서 등 모든 서책을 읽었지만, 그저 그 글자만 알 뿐 그 글자가 나타내는 실체를 잘 알지 못합니다. 그러다보니 끝내 문자와 실물이 따로 놀게 되어 맞지 않고, 조수와 초목의 이름을 꿰뚫어 알지 못하는 사람이 많으니, 대개 문장과 글자를 달달 외울 뿐, 실제 견문을 통해 꿰뚫어 볼 수 있도록 힘쓰지 않은 탓입니다.

신의 생각이 이에 절실하게 미치어 모두 실물(實物)을 나타내는 글자를 취하여 상·중 2권을 꾸미고 또 반실(半實) 반허(半虛)자를 취하여 하권을 엮었습니다. 4글자씩 무리로 모으고 운을 맞추어 책을 지은 것이 모두 3,360자입니다. 책 이름을 《훈몽자회》라고 한 것은 세상의 학부형(學父兄)들이 먼저 이 책을 익히고 집안의 어린이들을 가르치게 하고자 함입니다. 그렇게 하면 어린이들도 역시 새·짐승·초목의 이름을 알 수 있게 되어 마침내 사물의 이름을 나타내는 문자와 실물이 서로 부합되지 않는 일이 없을 것입니다.

신의 엷은 식견으로 감히 이 책을 지은 것은 참으로 분수를 넘는 죄에서 벗어나기 어려운 줄 아오나, 어린이를 이끌어 가르치는데 있어서는 조금이나마 보탬이 없지 않을까 싶습니다.

嘉靖(가정)6년 4월(중종22년 4월 1527) 절충장군 행충무위부호군 신 최세진 삼가 적음.

< 일러두기 >
- 《 》 : 서명(書名)을 나타냄.
- ' / ' : ' 또는' 의 뜻.
- 《정음》 : 《훈민정음》.
- [속칭(俗稱); 속호(俗呼);] : 한어(漢語), 중원(中原)에서 불리면
- [범칭(汎稱), 총칭(總稱), 총언(總言)] : 대표 이름 또는 두루 쓰이는 이름
- 옛 훈(訓)과 발음 중 현대어와 조금이라도 다르면 [풀이] 에 모두 기재하였다.
- 음운 규칙 변화 : ㄷ(ㅈ) / ㅕ (ㅓ) / △ (ㅇ) / 듀(두) /츄(추)/ 슈(수)/ 셔(서) 등은 특별 표기 않음.
- 규칙 변화 이외의 발음이 현저히 달라진 것은 [풀이]에 진하게 표시함.
- 일명(一名) : - 일명 ; (불리는 말)

제2편   凡例(범례)

一.凡物名諸字或一字或兩字指的為名者一皆收之. 連綴虛字為呼者如水扎子되요馬布
郞개가머리.作馬不剌 或之類不取也. 然亦或有隱在註下者.

무릇 사물 이름에 대한 모든 글자가 더러 1글자이거나 2글자로 가리켜 이름으로 삼은
것은 하나같이 모두 수록하였고, 거기서 허자(虛字)가 잇따르며 불리는 수찰자(水札
子), 되요;馬布郞(마포랑), 개가머리;作馬不剌 같은 것은 취하지 않았다. 하지만 혹 숨
은 뜻이 담겨 있는 것은 주(註)를 아래에 달았다.

一.一物之名有數三字而其俗稱及別名亦有數三之異者. 收在一字之下則恐其地狹註繁.
故分收於數三字之下. 雖似乎各物之名而其實一物也. 以其註簡為便而然也.

한 사물의 이름이 여럿 있는 데다 그 속칭(俗稱)이나 별칭(別名) 또한 여러 가지 다
른 경우가 있는데, 만일 한 글자마다 그 아래에 수록하면 지면이 좁아 주(註) 달기
번거로울까 염려됐기 때문에 여러 글자 아래에 나눠 수록하였다. 하지만 각 사물의
이름이 비슷하더라도 실제로는 동일한 사물인 것은, 그것에 대한 주(註)를 간단하게
달아서 편의를 위해 그와 같이 편집한 것이다.

一.一字有兩三名者今亦兩三收之,如葵字葵菜葵花朝字朝夕朝廷行德行市行行步之類
是也.

한 글자가 2~3개 이름이 있는 것 또한 여기에 2~3개 이름으로 수록하였다. 예를 들
면, 규(葵:아욱)자는 규채(葵菜), 화규(花葵) 등. 조(朝)자는 조석(朝夕), 조정(朝廷)
등. 행(行)자는 덕행(德行), 시행(市行), 행보(行步)와 같은 부류가 이것이다.

一.凡物名諸字上中卷有所妨碍未及收入者,又於下卷收之. 他虛字可學者雖多今畏帙繁
不敢盡收.

무릇 사물 이름에 대한 모든 글자가 〈 上卷 〉·〈 中卷 〉에 넣으면 헷갈리거나 애
매한 점이 있어 수록하지 못한 것은 〈 下卷 〉에 수록하였다. 기타 허자(虛字)는 배
울 만한 것이 많지만 이 책의 분량이 넘칠 것 같아 모두 수록하지 않았다.

一.凡字音在本國傳呼差誤者, 今多正之以期他日衆習之正.

무릇 글자 발음이 우리나라에 전해지는 가운데 호칭에 차이와 착오가 있는 것도 여기
서 대부분 바로 잡아서 여러 사람이 바르게 익히도록 기(期)하였다.

一.醫家病名藥名諸字或有義釋多端難於一呼之便或有俗所不呼者今並不收.

의가(醫家)의 병명(病名)이나 약명(藥名)은 여러 글자는 간혹 뜻이 여러 가지로 해석되는 경우, 한 가지로 부르기 어려운 것과 혹은 일상적으로 불리지 않는 것은 여기에 함께 수록하지 않았다.

一.註內稱俗者 指漢人之謂也. 人或有學漢語者可使兼通. 故多收漢俗稱呼之名也. 又恐註繁亦不盡收.

주(註) 안에 '俗(속)'이라 稱한 것은 한인(漢人)들을 가리키는 것이다. 사람들 가운데 더러 한어(漢語)를 배운 자도 통할 수 있기 때문에 중국에서 속칭(俗稱) 속호(俗呼)되는 명칭을 수록하였다. 또한 주(註)가 번다해질까 염려 돼 다 수록하지 않았다.

一.凡一字有數釋者, 或不取常用之釋而先擧別義為用者. 以今所取在此不在彼也.

대개 한 글자가 여러 가지로 풀이되는 것은 더러 상용(常用) 풀이를 취하지 않고, 우선 특별한 뜻으로 쓰이는 것을 들었다. 왜냐하면, 그 쓰임새가 특별한 뜻에 있지 일반 의미에 있지 않기 때문이다.

一.凡在邊鄙下邑之人必多不解諺文. 故今乃弁著諺文字母使之.先學諺文次學字會則庶可有曉誨之益矣. 其不通文字者亦皆學諺而知字, 則雖無師授亦將得為通文之人矣.

대개 변두리 시골에 사는 사람들은 대부분이 언문도 이해하지 못한다. 그렇기 때문에 여기에 지금 언문을 함께 적어서 그들로 하여금 언문을 먼저 배우게 한 다음에 《훈몽자회》를 배우게 하면 거의가 깨우칠 수 있는 이점이 있을 것이다. 문자에 통하지 못하는 사람들 또한 언문을 다 배우고서 문자를 알게 하면 비록 선생이 없더라도 앞으로 문자에 잘 통하는 사람이 될 수 있으리라.

一.凡在外州郡刊布此書 每於一村一巷 各設學長 聚誨幼穉 勤施懲勸 竢其成童升補 鄉校國學之列則 人皆樂學小子有造矣.

대개 주군(州郡)에서 이 책을 널리 간행하여, 한 마을에 하나씩 각각 학장을 세워 어린이를 모아 깨우치고 부지런히 바로잡고 권장하여, 아이들이 학문을 이루기를 기다려 향교와 국학의 반열에 오르도록 돕는다면, 사람마다 모두 배우기를 즐기고 어린이는 목적을 이루게 될 것이다.

제3편. 諺文字母(언문자모)

俗所謂半切二十七子 (민간에서 말하는 반절 27글자)

1) **初聲終聲通用八字** 초성과 종성에 모두 쓰는 8글자

    ㄱ 其役(기역) ㄴ 尼隱(니은) ㄷ 池⒝ (디귿) ㄹ 梨乙(리을)

    ㅁ 眉音(미음) ㅂ 非邑(비읍) ㅅ 時⒥ (시옷) ㅇ 異凝(이응)

    ⒝ ⒥ **兩字只取本字之釋俚語爲聲.**

    ⒝ ⒥ 2글자만 본 글자의 우리말 뜻풀이를 가져다 소리로 삼았다.

    其尼池梨眉非時異八音用於初聲. 役隱⒝乙音邑 ⒥ 凝用於終聲.

    기. 니. 디. 리. 미. 비. 시. 이 8音은 초성(初聲)에 사용하고

    역. 은. 귿. 을. 음. 읍. 옷. 응 8音은 종성(終聲)에 사용한다.

2) **初聲獨用八字** 초성에만 쓰는 8글자

    ㅋ箕 ㅌ治 ㅍ皮 ㅈ之 ㅊ齒 △而 ㅇ伊 ㅎ屎 箕字亦取本字之釋俚語爲聲.

    키. 티. 피. 지. 치. 지. 이. 히. 에서 '키'자 역시 本字의 우리말 뜻풀이를 가져다

    소리로 삼았다.

※ 이상에서 현대 한글 자모순 원리가 엿보인다.

초성종성 통용팔자	기본자	ㄱ	ㄴ		ㅁ		ㅅ	ㅇ									
	가획자		ㄷ	ㄹ		ㅂ											
초성독용 팔자	가획자								ㅈ	ㅊ	△	ㅋ	ㅌ	ㅍ	ㅇ	ㅎ
음 운		牙 (아)	舌 (설)		脣 (순)		齒 (치)	喉 (후)	齒 (치)			牙 (아)	舌 (설)	脣 (순)	喉 (후)	

3) **中聲獨用十一字** 중성에만 쓰이는 11자

    ㅏ阿 ㅑ也 ㅓ於 ㅕ余 ㅗ吾 ㅛ要 ㅜ牛 ㅠ由 一 應 不用終聲

    ㅣ伊 只用中聲 ·思 不用初聲

    아. 야. 어. 여. 오. 요. 우. 유. 응. 은 종성에 쓰지 않는다.

    이. 만 중성에 쓰인다. 아래 아(·)는 초성에 쓰지 않는다.

4) 初聲中聲合用作字例 초성과 중성이 합쳐 글자를 만든 예시

가 갸 거 겨 고 교 구 규 그 기 ᄀ

以 ㄱ 其 爲初聲 以 ㅏ阿 爲中聲合 'ㄱ+ㅏ' 爲字則 '**가**'. 此家字音也.
又以ㄱ役 爲終聲合 '**가+ㄱ**' 爲字則 '**각**' 此各字音也. 餘倣此.

'ㄱ'(기) 초성에다 중성 'ㅏ'를 합쳐 '가' 자가 되니, 이것이 '家'자의 발음이다.
또 'ㄱ'(역) 종성을 '가'에다 합치면 '각' 자가 되니, 이것이 '各'자의 발음이다.
나머지는 이 방식을 본 딴다.

5) 初中終三聲合用作字例 초성과 중성과 종성이 합쳐 글자를 만든 예시

간肝 **갇**笠 **갈**刀 **감**柿 **갑**甲 **갓**皮 **강**江

ㄱㅋ下各音爲初聲 ㅏ 下各音爲中聲作字如 **가갸** 例作一百七十六字。以ㄴ下七音 爲終聲作字如肝至江七字。唯 ㆁ之初聲與ㅇ字音俗呼相近。故俗用初聲則皆用ㅇ 音。若上字有ㆁ音終聲則下字必用 ㆁ音爲初聲也。 ㆁ字之音動鼻作聲ㅇ字之音發 爲喉中輕虛之聲而已。故初雖稍異而大體相似也。漢音ㆁ音初聲或歸於尼音或ㆁㅇ 相混無別

'ㄱ,ㅋ'은 아래 각 음의 초성이 되고 'ㅏ'는 아래 각 음의 중성이 되어 글자를 만든 것이 '가, 갸'와 같은 예로서 176자를 만들 수 있다. 'ㄴ' 이하의 7음은 종성이 되어 글자를 만든 것이 위의 '간~강'까지 7글자이다. 오직 'ㆁ'의 초성과 'ㅇ'자 음을 세속에서 서로 엇비슷하게 일컫기 때문에 세속에서 초성으로 쓰이면 모두 'ㅇ'음을 사용할 것이다. 만일 위에 있는 글자에 'ㆁ'소리가 종성이면 아래 글자는 반드시 'ㆁ'음을 초성으로 삼을 것이다. 'ㆁ'자의 소리는 콧구멍을 움직여 소리를 내고, 'ㅇ'자 소리는 목구멍에서 나는 것으로 가볍고 허한 소리가 될 뿐이다. 그러므로 처음엔 약간 달라도 대체로 서로 비슷하다. 漢音 'ㆁ'소리 초성은 혹은 니음이 되거나 혹은 'ㆁ'과 'ㅇ'이 서로 섞여 구별되지 않는다.

凡字音高低 皆以字傍點之有無多少爲準 平聲無點 上聲二點 去聲入聲皆一點.
平聲哀而安 上聲厲而擧 去聲淸而遠 入聲直而促. 諺解亦同.

무릇 글자의 소리가 높고 낮음은 모두 글자 곁에 점이 있고 없음, 많고 적음을 기준으로 삼는데 낮은 소리인 글자 平聲은 점(·)이 없고 낮다가 나중에 높이는 上聲은 점이 둘(:)이고 去聲과 入聲은 다 점이 하나(·)다. 平聲은 哀(애)와 安(안) 上聲은 厲(려)와 擧(거) 去聲은 淸(청)과 遠(원) 入聲은 直(직) 促(촉)등이다. 우리말로 새김 할 때도 마찬가지다.

믈읫글字·ᄍ 음·음의 노·ᄑᆞ며 ᄂᆞᆺ가오·미 다 字·ᄍ·ㅅ 겨·틔 點·뎜이 이·시·며 업스·며 하·며 져·금·으·로 보·라·믈 사·믈 거·시·니 ᄂᆞᆺ가·온 소·리·옛 字·ᄍᄂᆞᆫ 平뼝聲셩이·니 點·뎜이 ·업·고 기·리·혀 나·중 들·티·ᄂᆞᆫ 소·리·옛 字·ᄍᄂᆞᆫ 上·썅聲셩이·니 點·뎜이·둘·히·오 곧·고 바·ᄅᆞ 노·픈 소·리·옛 字·ᄍᄂᆞᆫ 去·컹聲셩이·니 點·뎜이 ᄒᆞ나·히·오 곧·고 ·ᄲᆞᆯ·ᄅᆞᆫ 소·리·옛 字ᄍ·ᄂᆞᆫ 入·입聲셩이·니 點·뎜이 ᄒᆞ나·히·라 諺·언 文문·으·로 사·김 ᄒᆞᆯ·디 ᄒᆞᆫ가·지·라 ·ᄯᅩ 字·ᄍ·돌·히 본·딧 소·리 두·고 다·ᄅᆞᆫ 뜯 다·ᄅᆞᆫ 소·리·로 ·ᄡᅳ·면 그 달·이 ·ᄡᅳ·ᄂᆞᆫ 소·리·로 그 ·ᄌᆞᆺ 귀·에 돌·임·ᄒᆞ·ᄂᆞ니 行·ᅒᅵᆼ平뼝聲셩 本·본音음 行·져 제·항平뼝聲셩 行·ᅒᅵᆼ 德·딕·ᅒᅵᆼ 去·컹聲셩

무릇 글자의 소리가 높고 낮음은 모두 글자 곁에 점이 있고 없음 많고 적음을 기준으로 삼는데 낮은 소리인 글자 평성은 점(·)이 없고 낮다가 나중에 높이는 상성은 점이 둘(:)이고 곧바로 높은 소리의 글자인 거성은 점(·)이 하나다. 곧고 빠른 소리의 글자는 입성이니 점(·)이 하나다. 우리말로 새김 할 때도 마찬가지다. 또 글자들이 본래의 소리를 두고 다른 뜻이나 다른 소리로 쓰이면 그 다르게 쓰이는 소리로 그 글자의 뜻이 달라진다. 다닐 행(行)은 평성이고 본음 저자 항(行)도 평성인데 덕행(行德)일 때는 거성이 된다.

6) 平上去入定位之圖　평샹거입뎡위지도

평성상성거성입성 네가짓 소리의 터흘 치워 노흔 그림
평성상성거성입성 4가지 소리가 나는 곳을 차려 놓은 그림

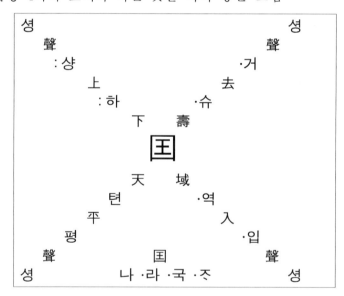

平평上:샹去·入·입如여人인白·ᄌ平평地·디升승上·샹行힝去거還환入·입之지意의
平평上·샹 거入·입 네·ᄌᆞᆫ 사ᄅᆞ미 平평地·디·로브·터 올·아 ᄃᆞ녀·가·도 로 드·러옴·과 ᄀᆞᆮ튼·ᄡᅳ이니라

평성 상성 거성 입성 4가지는 사람이 평지로부터 위로 올라 다녀갔다가 도로 돌아오는 것과 같은 뜻이니라.

제4편. 訓蒙字會 目錄 (훈몽자회 목록)

上卷(상권) : [천연(天然)]

天文(천문) 地理(지리) 花品(화품) 草卉(초훼)

樹木(수목) 菓實(과실) 禾穀(화곡) 蔬菜(소채)

禽鳥(금조) 獸畜(수축) 鱗介(인개) 昆蟲(곤충)

身體(신체) 天倫(천륜) 儒學(유학) 書式(서식)

中卷(중권) : [인위(人爲)]

人類(인류) 宮宅(궁택) 官衙(관아) 器皿(기명)

食饌(식찬) 服飾(복식) 舟舩(주선) 車輿(차여)

鞍具(안구) 軍裝(군장) 彩色(채색) 布綿(포면)

金寶(금보) 音樂(음악) 疾病(질병) 喪葬(상장)

下卷(하권) : [혼합(混合)]

雜語(잡어)

4-1. 訓蒙字會上   [천연(天然)]

形	訓	音	註	풀이

天文(천문)

形	訓	音	註	풀이
天	하늘	텬	-道尙左日月右旋	하늘 천. / 천도(天道)는 左(동쪽)로 향하고 日月(일월)은 右(서쪽)으로 회전(回轉)한다.
地	따	·디	以形體稱曰天- -道尙右水泉東流	땅 지./ 형체(形體)로서는 천지(天地)라 일컬음. 지도(地道)는 右(서쪽)로 향하고 샘물은 동쪽으로 흐른다.
霄	하늘	쇼	俗稱靑-又霰也	하늘 소. [俗稱 청소(靑霄:푸른 하늘)]. / 싸락눈.
壤	따	샹	柔土無壞曰-又境壤糞壤	땅 양. 무른 흙이 무너지지 않는 것 / 국경지역, 쓰레기장
乾	하늘	건	天道健也	하늘 건. 천도(天道). 건(健:튼튼할)의 뜻.
坤	따	곤	地道順也以功用稱曰乾-	땅 곤. 지도(地道). 순(順:따름)의 뜻. 공용(功用:공들임과 작용)을 건곤(乾坤)이라 이름.
宇	집	우	四方上下曰-又屋邊也簷-	4方 上下를 우(宇)라 이름. 지붕 가장자리. /첨우(簷宇:처마)
宙	집	듀	又舟車所極履也 往古來今曰-	집 주. / 배나 수레로 미치는 곳. / 예부터 지금까지를 주(宙)라 이름.
日	나	실	衆陽之宗人君之表	날 일. / 뭇 양(陽)의 조종(祖宗)=太陽(태양). 임금을 나타냄
月	둘	월	太陰之精陰不可抗陽故 -圓-缺	달 월. / 태음(太陰)의 정(精). 음(陰)은 양(陽)과 겨루지 못하는 까닭에 둥근 달이 이지러짐.
星	별	셩		별 성.
辰	별	신	日月會次又北--北極也. 미르진 地支属龍	해달이 차례로 모여듦. 북신(北辰:북쪽 별자리) 북극성. / 미르 진: 지지(地支)에 속하는 룡(龍)
陰	ᄀ눌	음	太極生兩儀陽動-靜	그늘 음. / 태극(太極)이 양의(兩儀:음양)를 내어 양(陽)은 동(動)하고 음(陰)은 정(靜:고요)함.
陽	볕	양	-施陰受化生萬物	볕 양. 양(陽)은 주고 음(陰)이 받아 만물(萬物)을 화생(化生)함.
節	ᄆ듸	절	十二月-氣又竹-符--操	마디 절. /12월=절기(節氣). / 죽절(竹節:대마디). 부절(符節), 절조(節操:절개와 지조)
候	긔운	후	五日爲-三-爲氣六氣爲時四時爲歲又待也	기운 후. / 5일=1후(候), 3候=1氣, 6氣=1時(3월), 4時=1歲 / 대(待:기다릴)의 뜻.

形	訓	音	註	풀이
春	봄	츈		봄 춘.
夏	녀름	하	又去聲大也又中國曰-	여름 하. [거성: 대(大:크다)]. / 중국을 '夏(하)'라 일컬음
秋	ᄀᆞ슬	츄		가을 추. 추수(秋收 :가을걷이)
冬	겨ᄋᆞᆯ	동		겨울 동. 동자(冬藏 :겨울 저장)
晝	낫	듀		낮 주. 주경야독(晝耕夜讀)
夜	밤	야		
寒	츨	한		찰(추울) 한.
暑	더울	셔		더울(더위) 서.
晌	낫	샹		낮 상. 正午(정오) 대낮
晚	느즐	만		늦을 만. / 해 저물. 저녁.
昏	어스름	혼		어스름 혼. 해 저물 때의 어스름한 빛
暮	져믈	모		해 저물 모.(해가 풀 아래로 들어감)
早	이를	조		일찍 조. 조기(早起 :일찍 일어남). 조기(早期 :이른 시기)
晨	새배	신		새벽 신.
曉	새배	효	又知也開喩也	새벽 효. / 깨닫다, 깨우치다.
曙	샐	셔		날 샐 서. 날이 새다. 동이 트다.

形	訓	音	註	풀이
朔	초ᄒᆞᆯ	삭	又一月爲之-	초하루 삭./ 한 달을 이름.
旬	열흘	슌		열흘(10日) 순 / 初旬(초순) 中旬(중순) 下旬(하순)
望	보롬	망	月待日光有照半照爲弦全照爲成- 瞻-	보름 망. 달빛이 햇빛을 기다려 비추는데 半이 빛나면 현(弦:반원)이 되고 온전히 비추면 망(望:보름달)이 된다. / 첨망(瞻望:높이 쳐다보다)
晦	그믐	회	俗稱月盡又盡頭又大盡小盡	[俗稱] 월진(月盡:한 달이 끝나는 날).진두(盡頭)] / 대진(大盡:작년 12월 그믐). 소진(小盡:음력 작은 달 그믐)
宵	밤	쇼		밤 소
旦	아츰	단		아침 단.
朝	아츰	됴	又見中卷	아침 조. /〈중권(中卷)〉을 보시오
夕	나죄	·셕		저녁 석. / 석양(夕陽)
歲	힛	세		해(1年) 세.
年	히	년	亦作秊	해 년. '년(秊)'으로도 적음.
閏	부를	슌		윤달 윤. 윤년(閏年)
臘	나평	납	合也合祭衆神	납평 납. 合의 뜻. / 뭇 神에게 한꺼번에 제사지냄.
時	ᄢᅵ니	시		끼니(밥 때) 시. 때맞추다.
晷	힛귀	구		헛것(그림자) 구.
漏	루ᄀᆡ	루	又滲-又竅也透也	물시계 루. / 삼루(滲漏:스미다;새다). / 규(竅:구멍) 투(透:통하다).
刻	ᄭᅬ폴	ᄀᆞᆨ	俗稱時-晝夜百刻時分八刻子午各加二刻又雕-	15분 각. [俗稱(시각:時刻)] 주야(晝夜) 100각, 시(時)는 물시계로 8각으로 나눔. 자오(子午) 각각 2각씩 늘어남. / 조각(雕刻)

形	訓	音	註	풀이
雷	울에	뢰		우레 뢰.
電	번게	뎐		번개 전.
霹	벼락	벽		
靂	벼락	력		
風	ᄇᆞ람	풍	又俗呼狂者曰-子又曰-漢	바람 풍. / [俗呼:광자(狂者:미친 사람); 풍자(風子), 풍한(風漢)]
雨	비	우	又去聲雨雪自下曰-	/[去聲 우설(雨雪:비 눈)이 내림을 우(雨)라 이름
霜	서리	상		
露	이슬	로	又現出也	/ 현출(現出:드러날, 나타날)의 뜻.
雪	눈	셜	又洗之也	눈 설. / ~을 씻음이다. ; 설욕(雪辱)
霰	ᄲᅳᆫ눈	션		싸락눈 선. 싸라기 눈
氷	어름	빙		얼음 빙.
雹	무뤼	박		우레 박.
雲	구룸	운		구름 운.
霞	노을	하		
嵐	연애	남		남기(산 속 아지랑이) 남.
霧	안개	무		

形	訓	音	註	풀이
虹	므지게	홍		무지개 홍.
霓	므지게	예	雄曰虹雌曰-又入聲열	무지개 예. 숫 무지개 虹(홍) 암무지개는 霓(예)로 이름 [入聲 열音.]
螮	므지게	톄		무지개 체.
蝀	므지게	동	詩螮-	무지개 홍. 《詩》螮蝀在東(체동제동) ~동쪽하늘에 무지개가 떠도
霖	오란비	림	俗稱淫-厭之也或稱甘-喜之也	오랜 비(장마) 림. [俗稱 음림(淫霖)이라 싫어하기도 혹은 감림(甘霖:단비)라고 기뻐하기도 함.]
涷	쇠나기	동	俗稱驟雨又曰過路雨	소나기 동. [俗稱 취우(驟雨:소나기)]. 과로우(過路雨:지나가는 비)라고도 함.
澇	믈쓰일	로	俗稱水-	물꼬일 로 [俗稱 수로(水澇:장마)]
旱	ᄀ물	한		가물 한. 가뭄.

地 理 (지 리)

形	訓	音	註	풀이
山	뫼	산		
嶽	뫼부리	악	亦作岳	뫼 부리. '악(岳)'으로도 적음
峯	뫼봉으리	봉		뫼 봉우리 봉.
岫	뫼부리	슈	山有穴曰-	뫼 부리 수. 동굴이 있는 산을 수(岫)라 이름.
壑	굴형	학	俗稱山-又大-海也	구렁 학. [俗稱 산학(山壑:산골짜기)]. / 대학(大壑)은 '바다'의 뜻.
谷	골	곡	又作峪音욕	골짜기 곡. / '곡(峪)'이라 적으며 발음은 '욕'
崖	뫼언덕	애		산언덕 애.
岸	믈언덕	안		물언덕 안.

形	訓	音	註	풀이
巖	바회	암	俗稱頭-又曰石碏	바위 암. [俗稱 두암(頭巖·산꼭대기 큰 바위) / 석락(石碏)]
嶂	뫼	쟝	形如屛障	산봉우리 장. 모양이 병풍처럼 빙 두른 산
嶺	재	령		
峴	고개	현	峻嶺也	준령(峻嶺·높고 가파른 고개)
崗	묏부리	강		산언덕 강.
巓	묏부리	뎐		큰 산 언덕 전.
峒	묏골	동	俗稱山-通作洞又平聲崆-山名	산골 동. [俗稱 산동(山峒·산동네)] 보통 동(洞)으로 적음. [평성; '공동산(崆峒山)'의 명칭
麓	묏기슭	록		산기슭 록.
丘	두던	구		언덕 구.
原	두던	원	寬平曰-	언덕 원. 드넓고 평평함을 원(原)이라 함
皐	두던	고	岸也又澤也	언덕 고. / 못(늪).
阜	두던	부	大陸曰-	언덕 부. 대륙(大陸)을 부(阜)라 함.
坡	두듥	파		두둑(제방:堤防) 파.
阪	두듥	판	陂者曰-又澤障又山脅亦作坂	두둑 판. 산비탈을 판(阪)이라 함. / 택장(澤障·못 막이). 산협(山脅·산 옆구리) / 파(坂)로도 적음
陵	두듥	룽	大阜曰-	두둑 릉. 대고(大阜·큰 언덕)를 릉(陵)이라 함.
陸	두듥	륙	高平曰-	두둑 륙. 높고 평평한 것을 륙(陸·뭍)이라 함.

形	訓	音	註	풀이
泥	흙	니	水和土又塗墁也	진흙 니. 물에 엉긴 흙. / 도만(塗墁:진흙 흙 손)임.
土	흙	토	-壤	흙 토. 토양(土壤)
壏	언덕	감	險崖陡峻處	험애(險隘:험한 언덕) 두준(陡峻:험하고 높은 낭떠러지)
垤	무들거	딜	又蟻穴封	작은 언덕 질. / 의혈봉(蟻穴封:개미굴 둑)
郊	드르	교	邑外十里爲近-百里爲遠-	들 교. 읍(邑) 바깥 10리가 근교(近郊), 100리가 원교(遠郊).
甸	드르	연	俗稱野甸子又規方十里爲-	들 전. [俗稱: 야전자(野甸子)]; 읍 둘레 10리가 전(甸); 경기(京畿: 서울 둘레 땅)
坪	드르	평	大野曰-通作平	들 평. 대야(大野:큰 들판)을 평(坪)이라 함. 보통 '平'으로 적음.
野	믹	야	郊外曰-	들 야. 교외(郊外)를 이름.
礓	뭉으리돌	강		몽돌 강. 자갈, 조약돌 .
礫	뭉으리돌	륵		몽돌 륵. 자갈
沙	몰애	사	又水傍曰-又汰也又下卷	모래 사. / 수방(水傍:물 가)를 사(沙)라 이름. / 태(汰 사치할)의 뜻. / 하권(下卷).
磧	쟉벼리	젹	水渚有石又虜中沙漠	자갈 적. / 물가에 있는 돌 / 해외 사막
礁	돌	쵸	水底尖石船行所忌俗稱暗-	돌 초. 물밑에 뽀족한 돌로 배가 지날 때 꺼림. [俗稱 : 암초(暗礁)]
石	돌	셕		돌 석.
島	셤	도		섬 도.
嶼	셤	셔		섬 서.

形	訓	音	註	풀이
湖	가룸	호	大陂	가람 호. 대피(大陂:큰 방죽)
海	바다	히	大海	바다 해. 대해(大海:바다)
淵	못	연	止水而深曰-	고인 물이 깊은 곳을 연(淵:연못)이라 함.
川	내	쳔	衆流注海爲-	내 천. 여러 갈래 물이 바다로 닿게 되는 것을 천(川)이라 함.
溪	시내	계	水注川曰-小曰-大曰澗	천(川:냇물)에 물대는 것을 계(溪)라 함. 작은 것을 계(溪), 큰 것을 간(澗)이라 함.
澗	시내	간	山夾水曰-	산협(山峽 깊은 산골짜기) 물을 간(澗)이라 함.
江	가룸	강	今俗謂川之大者皆曰-又水名	강물 강. 지금은 [俗: 천(川)이 큰 것을 이름. 대개 '강(江)'이라고 함]. / 물 이름(양자강)
河	가룸	하	水名黃河又北方流水通稱	강물 하. 황하(黃河). / 북방(北方)유수(流水)의 통칭(通稱)
汀	믓굿	뎡	水際平地	물가 정. 물 가장자리의 평지(平地).
洲	믓굿	쥬	水中可居處	물가 주. 물 가운데 살 수 있는 곳.
渚	믓굿	져	小州曰-	물가 저. 작은 州를 이름
沚	믓굿	지	渚曰-	물가 지. 저(渚:물 가)를 지(沚:물 가)라 함.
濤	믓결	도	大波又潮頭	물결 도. 대파(大波:큰 물결) / 밀물. 파도(波濤)
浪	믓결	랑	大波曰-又謔-又平聲滄-水名	물결 랑. 큰 물결을 랑(浪)이라 함. / 희랑(謔良:희롱)의 뜻. [평성; 창랑수(滄良水)의 명칭]
瀾	믓결	란	大波	큰 물결 란. 파란(波瀾)=파랑(波良); 波良主意報(파랑주의보)
波	믓결	파	俗稱波浪兒	물결 파. [俗稱 파랑아(波良兒)]

形	訓	音	註	풀이
津	ᄂᆞᄅ	진	水渡又氣液	나루 진. 물을 건너는 곳. / 기액(氣液);진액(津液) -간폐(肝肺)의 기능(간은 빨아들이고 폐는 내뿜음.)
梁	돌	량	水橋也又水堰也又石絶水爲-	다리 량. 수교(水橋). / 수언(水堰:방죽). / 돌을 쌓아 물길을 끊은 것을 량(梁)이라 함.
潮	밀을	됴	海水逆上朝曰-俗稱大-曰太汛小-曰小汛總呼-信	밀물 조. 바닷물이 위로 거슬러 오르는 아침에 조(潮 밀물)라 함.. [俗稱:대조(大潮 한사리); 태신(太汛), 소조(小潮 조금); 소신(小汛)]. [총칭:조신(潮信)].
汐	밀을	셕	夕曰-	밀물 석. 바닷물이 거슬러 오르는 저녁에 석(汐:밀물)이라 부름.
灘	여흘	탄	瀨也卽水中沙處	여울 탄. 뢰(瀨 급류). 즉, 물 가운데 모래 있는 곳
瀨	여흘	뢰	水流沙上又湍也	여울 뢰. 물 흐르는 모래 위. / 단(湍 센 물살)임.
湍	뉘누리	단	疾瀨	급류(急流) 단. 질뇌(疾瀨 물살이 센 여울)
渦	뉘누리	와	水回俗呼旋-水	소용돌이 와. 물살이 도는 곳. [俗呼:선와수(旋渦水)]
浦	개	보	大水有小口	갯가 보. 큰물에 있는 조그만 어귀
漵	개	서	浦也	갯가 서. 포구(浦口)
港	개	항	汊-水派又水中行舟道又藏舟處	갯가 항. 물갈래. / 수중 뱃길. / 배를 매어 둔 곳
汊	개	차	水歧流	갯가 차. 갈라져 흐르는 물.
井	우믈	정		우물 정.
泉	심	천		샘 천.
沼	못	쇼	圓曰池曲曰-	연못 소. 그 둘레는 지곡(못구비), 그 못을 이름
塘	못	당	池-又堤岸	연못 당. 지당(池塘) / 제방(隄防:둑)

形	訓	音	註	풀이
洋	바다	양	俗呼海-凡物盛多皆曰- 又--盛貌	[俗呼:해양(海洋)]. 물질이 가득히 많음을 대개 양(洋 바다) 라고 함. / 양양(洋洋)은 가득한 모양
派	믌가르	패	水支流	물갈래 패. 지류(支流). 갈래 물
濆	믓곳	분	水厓	물가 분.
涯	믓곳	애	俗稱河氵公	물가 애. [俗稱 하공(河氵公)]
潭	소	담	水深處爲-	물이 깊은 곳이 담(潭소).
湫	소	츄	龍所居	소 추. 龍이 사는 소.
涔	자괫믈	줌	牛馬跡中水曰蹄-	발자국 물 잠. 소나 말 발자국에 고인 물을 제잠(蹄涔)이라 함
瀧	뉘누리	상	又音랑 奔湍	소용돌이 상. / 랑音. 분단(奔湍 빠른 물살)
沮	즌퍼리	져	又水名	진펄 저. / 물의 이름
洳	즌퍼리	셔	又水名	진펄 여. / 물의 명칭
窪	즌퍼리	와	沮洳-皆漸混之地非淀濼之比	진펄 와. 沮(저),洳(여),窪(와) 는 모두 차츰 뒤섞이는 땅이라 정낙(淀濼 얉은 호수)에 비교해선 안 됨.
澤	못	틱	汎稱	못 택. 연못의 [범칭(汎稱)]; 물위를 이름
洿	웅덩이	오	停水	웅덩이. 흐름이 멎은 물
潢	웅덩이	황	洿池又天河亦呼銀河	오지(洿池:고인 못)임. / 천하(天可)를 은하(銀可)로도 부름.
潴	웅덩이	뎌	水所停	웅덩이 저. 물 고인 곳
陂	웅덩이	피	畜水爲-又音堤(제)不平也	웅덩이 피. 가축 오줌이 고여 피(陂)가 됨. / 제(堤)音, 不平(불평할)의 뜻.

形	訓	音	註	풀이
潦	빗믈	료	雨水又行-道上無源水也	빗물. 빗물이 길 위로 흘러 물줄기가 없는 물
澒	시위	홍	俗作洪發- 시위나다	홍수 홍. [俗:홍(洪)으로 적음]. 발홍(發洪:홍수 날)
泡	거품	포	俗稱水-又漬也字作(渏)	[俗稱: 수포(水泡:물거품)] / 지(漬:적실)의 뜻. 글자는 '(渏)'로 적음.
漚	거ᄑᆞᆷ	구	俗稱浮-又去聲久漬	거품 구. [俗稱:부구(浮漚:뜬 거품)] [去聲: 구지(久漬:오래 불림)]
淀	즌퍼리	뎐	淺泉	진펄 전. 얕은 샘
濼	즌퍼리	박	淀-皆湖泊別名	진펄 박. 정박(淀淀)은 호박(湖泊: 호수 가운데 물 밖으로 드러나 있는 땅)의 별명.
蕩	즌퍼리	탕	俗稱茅蘆-ᄠᅴ와ᄀᆞᆯ조차 난ᄃᆡ又大也放-滌-	진펄 탕. [俗稱:모려(茅蘆:띠와 갈대조차 난 데)]. / 대(大:클)의 뜻. 방탕(放蕩), 척탕(滌蕩)
湄	믓ᄀᆞᆺ	미	水草交處	물가 미. 물풀이 자란 곳
路	길	로	俗呼-子官-	[俗呼: 로자(路子), 관로(官路:벼슬길)]
途	길	도		
徑	길	경	俗呼抄路 즈름ᄭᅵᆯ	[俗呼:초로(抄路:초로)] 지름길
蹊	길	계		
衢	거리	구		길거리.
逵	거리	규		
岔	거리	차	俗呼路-	[俗呼:로차(路岔)], 갈림길.
歧	거릴	기		갈림길 기.

形	訓	音	註	풀이
堤	언	뎨	岸也邊也亦作'隄'	둑방 제. 언(岸:방죽), 변(邊:가장자리). '隄'로도 적음
堰	언	언		둑방 언. 방죽
牐	마글	잡	以板防河蓄水通舟 俗稱-河通作閘	막을 잡. 널빤지로 물길을 막아 물을 담아 배가 다니게 한 것. [俗稱 잡하(牐河)]. 통상 '갑(閘)'-水門으로 적음.
壩	언	패	以石作堰障水	둑방 패. 돌로 방죽을 만들어 물길을 가로막음.
衚	골	호		
衕	골	동	俗稱衚-	[俗稱 호동(衚衕)]
巷	굴헝	항	街上交道又宮中別道亦作衖	골목 항. 오가는 길거리. / 궁중(宮中)에 따로 낸 길. / '형(衖)'으로도 적음.
陌	거리	믹		밭두렁 맥.
關	모개	관	又다돌관又支給官物	빗장 관. / 닫을 관. / 관청 물건을 지급함
隘	모개	익	又狹也	빗장 액. / 협(狹:좁은, 막힌)의 뜻.
塞	갓	시	邊界又入聲防-	갓 새. 변계(邊界:변경). / [入聲:방색(防塞:들어오지 못하게 막음)
徼	갓	교	邊也又邏卒曰游-又平聲-幸	갓 요. 변(邊:갓)의 뜻./ 나졸(邏卒)= 유요(游徼:순라꾼) [평성: 徼幸(요행)]
境	터	경		
界	갓	계		갓 계. 경계(境界)
疆	터	강		터 강.
域	엇	역		영역(營域) 역. 강역(疆域)

形	訓	音	註	풀이
田	밭	뎐	水田논 旱田밭	밭 전. 수전(水田:논), 한전(旱田:밭)
園	위안	원	種果爲-俗稱果- 又 樊籬也	동산 원. 과실을 심으면 원(園:과수원)이 됨. [俗稱: 과원(果園)] / 번리(樊籬:울타리)의 뜻
場	맡	댱	俗呼稻場	마당 장. [俗呼; 도장(稻場)]
圃	맡	보	種菜爲- 俗稱菜園	채소밭 포. 채소를 심어 가꾸는 곳이 포(圃:밭). [俗稱 채원(菜園:채소밭)]
苑	동산	원	植花木處	꽃나무를 심는 곳
囿	동산	유	或養禽獸處	더러 산짐승을 기르는 곳
林	수플	림		수풀 림.
藪	숩	수		늪(숲) 수.
壟	밭두듥	롱		밭둑 롱.
畈	밭두듥	판	平疇	밭둑 판. 평평한 밭둑
畹	ㄴ물밭	완		나물 밭 완.
畛	밭두듥	딘	田間道又音 진	밭둑 진. 밭 틈새 길 / 또는 진音
畦	이랑	규	俗指菜田 曰菜-正音奚	채소밭 규. 채규(菜畦).《正音 》: 해(奚)
疇	이랑	듀	汎稱	밭이랑 주. 밭이랑의 [汎稱]
畎	고랑	견	田中溝	밭 가운데 봇도랑.
畝	이랑	모	六尺爲步百-爲頃	[단위] 평방 6자=1步(보), 100步=1畝(묘), 100畝=1頃(경)

形	訓	音	註	풀이
			花品(화품)	
芍	샤약	쟉		작약 **쟉**.
藥	샤약	약	芍藥有赤白2種 又救病草皆曰-	작약 약. 작약은 적백 2종이 있음. / 病을 치료하는 풀들을 다 藥이라 이름.
薔	쟝미	쟝		장미 장.
薇	쟝밋	미	薔薇藤身多刺花黃紫白 3色又白-藥草	장미 미. 장미넝쿨은 가시가 많고 꽃은 황자백 3색임. 백장미는 약초
葵	규홧	규	亦呼荍	규화 규. 교(荍:아욱)라 부름.
梅	미홧	미		매화 매.
躑	텩톡	텩	亦作躑躅	척촉 척. 척촉(躑躅 철쭉)이라 적음
躅	텩톡	톡	躑躅 一名羊躑躅	척촉 촉. -일명 : 양척촉(羊躑躅)
蓮	련	련	芙居實也又曰-子송이 曰-蓬-房	연꽃 연. 연꽃에 사는 열매; '연자(蓮子)'라 이름. 송이는 연봉(蓮峯). 연방(蓮房)이라 이름
荷	련	하	蓮葉也根曰藕	연꽃 연. 연잎 뿌리는 우(藕:연뿌리)라 함
芙	년곳	부	荷花又呼藕花又未開子 曰 菡萏	연꽃 부. 하화(荷花), 우화(藕花)로 부름 / 아직 안 피어난 씨앗을 함담(菡萏 연봉우리)이라 이름.
蕖	련곳	거	芙蕖荷花又呼芙蓉	연꽃 거. 부거(芙蕖), 하화(荷花) / 부용(芙蓉)으로 불림
槿	무궁화	근	俗呼木槿花	[俗呼;목근화(木槿花)]
蕣	무궁화	슌	詩蕣英	《詩》有女同車 顔如蕣英(유녀동거 안여순영) 여인과 함께 수레를 타니 그 얼굴 무궁화 꽃 같도다.
梔	지짓	지	俗呼-子花名薝蔔 音占薝子可染黃	치자 지. [俗呼; '치자'] 꽃 이름은 담복(薝蔔:치자 꽃) / 점(占)音; 점자(薝子): 열매는 노랑 물감 원료.
菊	구홧	국	俗呼菊花	국화 국.

- 28 -

形	訓	音	註	풀이
			草 卉 (초 훼)	
芝	지촛	지	俗稱 靈芝	영지 지. 영지버섯
蘭	란촛	란	蘭草	난초 란.
篁	대	황	竹田曰-	대밭(대나무 숲)을 이름.
竹	대	듁		대 죽.
莞	요향	관	-蒲一名葱蒲俗呼水葱又呼織席草曰-	왕골 완. 완포(莞蒲). -일명: 총포(葱蒲). [俗呼;수총(水葱), 직석초(織席草;돗자리 짜는 풀 부들)]
蒢	부들	손	一名菖草似石菖蒲而葉無脊	-일명: 창초(菖草). 돌창포와 비슷하고 잎은 줄기(脊)가 없다.
菖	창포	챵	又부들 亦曰菖蒲	창포 창. / 부들 ,'창포(菖蒲)라고도 함.
蒲	챵폿	포	石菖蒲一寸九節者良藥	창포 포. 석창포(石菖蒲). 1치 9마디 되는 것은 약효가 좋음.
蘮	달	란	葦屬或謂之荻	물억새 란. / 갈대 屬 '물억새' 라 이름
荻	달	뎍	萑也俗呼-子草	물억새 적. 달풀(환); '덕자초(荻子草)'라 부름
蒹	달	겸	萑未秀者	물억새 겸. 아직 꽃피지 않은 달풀.
萑	달	환	似葦而小音佳見下	물억새 환. 물억새 닮았으나 작음. 추(佳)音은 하권을 보라.
菼	달	담	荻之小者	달풀(물억새) 담. 어린 달래.
葭	골	가	葦未秀者	갈대 가. 아직 패지 않은 갈대.
葦	골	위	大葭稍大爲蘆長成爲-俗呼子草	갈대 위. 대하(갈대) 차츰 자라 노(蘆)가 되고, 다 자라면 위(葦)라 함. [俗呼;자초(子草)]
蘆	골	로	葦未秀者	갈대 로. 아직 패지 않은 것.

形	訓	音	註	풀이
蔦	달	오		물억새 오.
薗	달	구		물억새 구.
芭	반쵸	파		파초 파.
蕉	반쵸	쵸	俗呼-草南人績絲爲布曰-布	파초 초. [俗呼; 파초(芭蕉)] 남인이 실을 잣아 베를 만들어 초포(蕉布)라 이름
菟	새삼	토		새삼 토. 새삼科 식물
蕬	새삼	ᄉ	俗呼菟-	새삼 사. [俗呼; 토사(菟絲)]
瓠	죠롱	호	又-子박形如菜瓜未甘	조롱박 호 / 호자(瓠子;박). 겉모양은 참외 닮고 맛이 달다.
瓤	죠롱	로	俗呼-瓠又書作胡盧葫蘆	조롱박 로. [俗呼;과로(-瓠)] 《書》: 호로(胡盧), 葫蘆(호로)라 적음.
苺	잇	믹		이끼 매.
苔	잇	틱		이끼 태.
藫	잇	담		이끼 담.
蘚	잇	션		이끼 선.
葎	한삼	률	俗呼勒麻藤草	한삼 률. [俗呼; 늑마등초(勒麻藤草)]
菜	돗고마리	시	俗呼蒼耳	도꼬마리 시.
芄	새박	환	俗呼蘿藦	박주가리 환. [俗呼; 라마(蘿藦)]
薊	조방이	계	卽小-又大-항것귀俗呼野紅花	엉겅퀴 계. 즉, 소계(小-) / 대계(大-);엉겅퀴. [俗呼; 양홍화(野紅花)]

形	訓	音	註	풀이
苧	모시	뎌		모시 저.
麻	삼	마	俗呼火-線-又-骨 겨릅	[俗呼; 화마(火麻), 선마(線麻)] / 마골(麻骨);겨릅
檾	어저귀	경	俗又呼白麻	[俗又呼; 백마(白麻)] 아욱科
葛	츩	갈	-草又-藤츩너출	칡 갈. 갈초(葛草) / 갈등(葛藤) :칡넝쿨
瓝	하놋ᄃᆞ래	괄		하눌타리 괄.
蓏	하놋ᄃᆞ래	루	俗呼瓝-又呼天瓜	하눌타리 루. [俗呼; 괄루(瓝蓏),천과(天瓜)] -박과의 여러해살이 덩굴 풀
薜	담쟝이	벽		담장이 벽.
荔	담쟝이	례	俗呼薜-草又有南果呼-支	타래붓꽃/ [俗呼; 벽례초(薜-草)] 남쪽에 있는 과실을 '여지(荔支)'라 부름
茺	눈비얏	츙	俗呼野蘇子草	익모초(益母草) 충. / [俗呼;야소자초(野蘇子草)]
蔚	눈비얏	울	一名益母方書名茺-又 名 鬱臭草	익모초(益母草) 울./ 《藥方書》 명칭: 충울(茺-), 울취초 (鬱臭草)
萑	눈비얏	츄	或呼野天麻又音桓見上	익모초 추. / 더러 야천마(野天麻)로 부름/ 환(桓)音은 윗글을 보라.
蓷	눈비얏	퇴	又呼地麻	익모초 퇴. / 지마(地麻)라 함.
蘩	쑥	번	白蒿	쑥 번. 백호(白蒿)
艾	쑥	애	-草又-毬 봉오조ᄉᆡ 又-花絨 又艾絨	쑥 애. 애초(艾草), 애구(艾毬) ; 봉오조시 / 애화융(艾花絨), 애융(艾絨)
蒿	다복쑥	호	俗呼-草又蓬-又靑-비 양	흰 호 [俗呼;고초(藁草),봉호(蓬蒿),청호(靑蒿)] : 비양.
蓬	다복쑥	봉		흰쑥 봉.

形	訓	音	註	풀이
菅	골	관	通作莞	왕골 관. 보통 '관(莞)'으로 적음
茅	뛰	모	俗呼-草	띠풀 모. [俗呼; 모초(茅草)]
黄	쎄유기	뎨	又芟刈也又菜-藥名音夷	흰 비름 이. 풀을 깍듯이 베어냄/ 무이(蕪黄:흰 비름)/ [약명(藥名); '이(夷)'음]
蹄	솔옷	뎨	俗呼羊蹄菜又馬蹄菜 곰돌외	발굽풀 제. [俗呼; 양제(羊蹄菜:양발굽 풀), 마제채(馬蹄菜:말발굽 풀)]; 곰달래
茜	곡도손	쳔	亦作茜一名蒐又茹藘俗呼-草又馬-	꼭두서니 천. '천(茜)'으로도 적음. 일명 수(蒐) / 여려(茹藘) / [俗稱; 천초(倩草), 마천(馬倩)]
萱	넘ㄴ뭘	훤	亦名鹿蔥俗呼黃花菜又忘憂草	원추리 훤. / 다른 명칭: 녹총(鹿蔥) [俗呼;황화채(黃花菜), 망우초(忘憂草)]
藍	족	남	俗呼小藍方書云蓼藍. 又쳥뒤曰大-方書曰板-	쪽 남. [俗呼;소람(小藍)] / 《方書》:요람(蓼藍:청대); 대람(大藍)이라 함. 《方書》판남(板藍): 열매는 해독제·해열제로 쓰이며 잎과 줄기는 파랑 물감 원료
葒	료화	홍	俗呼水-花一名海蓬科草一曰馬蓼	여귀꽃 홍. [俗呼;수홍화(水葒花)] -일명:바디쑥科 풀(海蓬科草)./ 한편 마료(馬蓼:개여뀌)라 이름.
稂	ㄱ랏	랑	俗呼野谷草	가라지 랑. [俗呼; 야곡초(野谷草)]
莠	ㄱ랏	유		가라지 유. / 강아지 풀
稊	ㄱ랏	뎨		돌피 제.
稗	ㄱ랏	패		피 패.
藻	머구리밥	표		개구리밥 표. 부평초(浮萍草)
萍	머구리밥	평		개구리밥 평. 부평초(浮萍草)
藻	물	조	海藻又水草.文宗御釋 말왐조初學字會同	마름 조. 해조(海藻:바닷말). / 수초(水草:물풀). 《文宗御釋(문종어석)》; 말왐 조 / 《初學字會(초학자회)》도 같이 풀이.
蘋	머구리밥	빙	大萍也沈曰-浮曰文藻文宗御釋及字會말왐빈	개구리밥 빙. 부평초(浮萍草). / 잠긴 것은 蘋(빙); 뜬 것을 藻(조)라 이름. / 《文宗御釋》 및 《初學字會》에 '말왐 빈' 으로 풀이.

形	訓	音	註	풀이
		樹木(수목)		
梧	머귀	오		오동나무 오.
桐	머귀	동		오동나무 동.
楊	버들	양	揚起者	버드나무의 흩날리는 것.
柳	버들	류	下垂者	버드나무의 아래로 늘어진 것.
檜	젓나모	회	俗呼-松又呼圓栢	전나무 회. 노송(측백과)나무/ [俗呼;회송(檜松), 원백(圓栢)]
栢	즉빅	빅	俗呼區松	측백나무 백. [俗呼 ;편송(區松)]
桂	계피	계		
椿	튱나모	춘	俗呼椿樹	참죽나무 춘. [俗呼; 춘수(椿樹)]
楓	싣나모	풍	俗呼茶條(다조) 藍	단풍나무(신나무) 풍. [俗呼; 다조(茶條)]
桑	뽕나모	상	俗呼-樹俗作桒	뽕나무 상. [俗呼;상수(桑樹)] '상(桒)'으로 적음.
檿	묏뽕	염	本國俗呼쑤지나모	꾸지뽕나무 염. [우리말; 꾸지나무]
柘	묏뽕	쟈		산뽕나무 자.
檉	갯버들	뎡	俗呼赤檉	갯버들 정. [俗呼;적성(赤檉)]
枳	팅즈	기	俗呼醜橙樹本音止	탱자나무 기. [俗呼;추등수(醜橙樹)]- 本音:지(止).
荊	가싀	형	又名紫-又-條 댓쓰리	가시나무 형. / 자형(紫荊), 형조(荊條) ; 댓싸리.
棘	가싀	극	卽酸棗也一名樲	가시 극. 즉, 산조(酸棗;멧대추) -일명: 이(樲;멧대추나무)

形	訓	音	註	풀이
樗	개듕나모	뎌	俗呼虎目樹又曰臭椿	개죽나무 저. [俗呼;호목수(虎目樹), 취춘(臭椿:가죽나무)]
桼	옷나모	칠	俗作漆	옻나무 칠. [俗;'漆'로 적음]
枌	느릅나모	분		느릅나무 분.
楡	느릅나모	유	俗呼青-樹	느릅나무 유. [俗呼;청유수(青楡樹)]
樺	봇	화	俗呼-皮木	벚나무 화. [俗呼;화피수(樺皮木)].
椵	피나모	가		피나무 가.
槐	회홧	괴	俗呼槐樹	느티나무 괴. [俗呼;괴수(槐樹)]
蘗	황벽피	벽	俗呼暖木	황벽나무 벽. [俗呼;난목(暖木)]
楮	닥	뎌	葉有辨而皮斑曰-	닥나무 저. 잎이 갈라져 껍질이 반질거림.
構	닥	구	一名穀葉無辨曰-	닥나무 구. -일명:곡엽(穀葉)으로 잎이 갈라지지 않음
榧	비ᄌᆞᆺ	비		비자나무 비.
槵	모관쥬	환	俗呼無槵木	무환자나무 환. [俗呼;무환목(無槵木)]
槲	소리ᄎᆞᆷ나모	곡	俗呼青杠	소리참나무 곡. [俗呼; 청공(青杠)]
栩	가랍나모	우		상수리나무 우.
柞	가랍나모	작	俗呼橃欏樹	넙갈나무 작. [俗呼;발라수(橃欏樹)]
櫟	덥갈나모	륵	關中呼柞爲-	떡갈나무 륵. [關中;작(柞:넙갈)를 륵(櫟:떡갈나무)이라 부름]

形	訓	音	註	풀이
櫯	다목	소	方書稱蘇枋木俗呼－木	다목 소. [《方書》稱소방목(蘇方木)]. [俗呼;소목(櫯木)]/ 콩과
松	솔	숑	俗呼油－又呼잣나모曰果－呼子曰海－子	소나무 송. [俗呼;유송(油松)] /잣나무; 과송(果松), 씨는 해송자(海松子)로 부름.
籐	듫	둥	俗呼－竿	등나무 등. [俗呼;둥건(藤竿)]
椊	므프레	좀	方文云秦皮俗呼苦裏木	물푸레나무 잠.. 〈藥方文〉: 진피(秦皮) / [俗呼;고리목(苦裏木)]
椰	산미즈	욱	俗呼－李樹實曰郁李	산앵두 욱. [俗呼;욱리수(郁李樹); 열매는 욱리(郁李)]
樲	쉰대초	싀	俗呼實曰酸棗亦曰鼻涕團又曰山裏棗	산대추나무 이. [俗呼; 열매는 산조(酸棗), 비체단(鼻涕團), 산이조(山裏棗)]
梓	ᄀᆞ래나모	지	膩理者－茸白者楸亦曰椅	가래나무 재. 결이 매끄러운 것이 재용(梓茸). 흰 것이 추자(楸子:호두) 또는 의(椅)나무 라고 이름.
楸	ᄀᆞ래	츄	實曰山核桃又唐－子核桃	가래나무 추. 호두나무. 열매는 산핵도(山核桃), 당추자(唐楸子) , 핵도(核桃:호도)로 부름

菓實(과실)

李	외엿	니	俗呼－兒	오얏나무(紫桃자두) 이. [俗]李兒(이아)
㮈	멋	내	通作柰	능금(사과) 내. 보통 '내(柰)'로 적음.
桃	복셩화	도	俗呼－兒又唐楸子曰胡－	복숭아 도. [俗呼;도아(桃兒)] / 唐楸子(당추자)는 호도(胡桃)라 함
楙	모괏	무	俗呼木瓜	모과 무. [俗呼;모과(木瓜)]
梨	빅	리	俗呼－兒又快果	배 리. [俗呼;이아(梨兒), 양과(快果)]
栗	밤	률	俗呼－子	[俗呼;율자(栗子)]
檎	닝금	금	俗呼沙果又呼小林－曰花紅一年再實	능금 금. [俗呼;사과(沙果), 소림금(小林檎)] 꽃이 붉고 1년 2회 열매 달림.
榴	셕늇	류	俗呼石－	[俗呼;석류(石榴)]

形	訓	音	註	풀이
榛	개옴	진		개암 진.
棗	대초	조		대추 조
櫻	이스랏	잉	卽-桃 一名含桃	앵두 앵. 즉 앵도(櫻桃). -일명; 함도(含桃)
杏	술고	힝	俗呼-兒又呼銀-曰白果 又曰鴨脚	살구 행. [俗呼;행애(杏兒)] /또는 은행(銀杏), 백과(白果), 압각(鴨脚)이라 불림.
芧	도토리	셔	-栗	도토리 서. 서율(芧栗)
橡	도토리	샹		상수리(도토리) 상.
栭	도토리	ᅀᅵ	又梁上柱	도토리 이. / 양상주(梁上柱)
梂	당아리	구	俗呼皂斗又 橡椀兒	도토리받침 구. [俗呼;조두(皂斗),상완아(橡椀兒)]
榠	명잣	명		모과 명.
樝	명잣	쟈		모과 자.
棠	아가외	당	白曰-赤曰橡斗	아가위 당. 팥배나무. / 백당(白棠), 상두(赤橡斗)라 함.
棣	아가외	톄	俗呼山梨紅	아가위 체. [俗呼;산리홍(山梨紅)]
柑	감쟛	감		감자 감.
柚	유쟛	유		유자 유.
橘	귨	귤	俗呼金橘	귤 귤. [俗呼;금귤(金橘)]
橙	효근귨	둥	俗呼香橙	오렌지나무 등. [俗呼;향등(香橙)]

形	訓	音	註	풀이
椒	고쵸	쵸	胡-又川-秦-蜀-죠피 又분디曰山-	산초(山椒)나무 초. 호초(胡椒:후추)./ 川椒(천초), 진초(秦椒), 촉초(蜀椒); 조피 / 분디; 산초(山椒)라 함.
楳	드래	연	卽獼猴	다래 연. 미후도(獼猴桃): 다래科 덩굴나무
椑	고욤	빙	俗呼羊矢棗	고염나무 빙. [俗呼;양시조(羊矢棗)]
柿	감	시	俗呼乾者曰-柿餠正作柿	[俗呼;건자(乾者)] ; 시병(柿餠). / 正字는 시(柿)
芡	가시렸	감	俗呼鷄頭	가시연(꽃) 감. [俗呼; 계두(鷄頭 닭벼슬]
茷	기시련	역		가시연(꽃) 역.
芰	말왐	기	四角爲-兩角爲菱	마름 기. (水草) 4각을 기(芰), 2각을 릉(菱)이라 이름.
菱	말왐	룽	俗呼-角又呼水栗	[俗呼; 능각(菱角) / 수율(水栗)]
葡	멀위	포		머루 포.
萄	멀위	도	在家者曰葡-在山者曰山葡-	머루 도. 집에 것을 포도(葡萄). 산에 것을 산포도라 함.
櫇	큰림금	빈		큰능금 산. 림금(林檎산 림금)
木婆	큰림금	파	俗呼-果似林檎而大	[俗; 파과(-果)] 산 능금과 비슷하며 큼
苺	딸기	미	俗呼履盆子	딸기 매. [俗呼; 이익자(履盆子)]
葚	오듸	심		오디 심. 뽕나무열매
栭	미실	염	卽梅子又音남木名	매실 염. 즉 매자(梅子) / 남 音; 나무이름.
芍	년밤	역	-中薏味苦薏音憶	연밥 적. 적중억(-中薏); 맛이 쓰고 薏의 音는 억(薏)

形	訓	音	註	풀이
			禾穀(화곡)	
麳	보리	리	詩來牟	보리 래. 《詩》貽我來牟(우리에게 밀과 보리를 주셨네)
麰	보리	모	俗呼大麥	보리 모. [俗呼; 대맥(大麥)]
蕎	모밀	교	俗呼-麥	메밀 교. [俗呼; 교맥(蕎麥)]
麥	밀	믹	俗呼小-又石竹花曰蘧麥	[俗呼; 소맥(小麥)/ 석죽화(石竹花: 거맥(蘧麥)]
糜	기장	미	糜.俗呼糜子	기장 미. [俗呼;미자(糜子)]
穄	기장	제	俗呼米曰黃米	기장 제. [俗呼; 쌀을 황미(黃米)라 부름]
黍	기장	서	不粘者爲-粘者爲又슈슈曰蜀-	기자 서. 메인 것을 서(黍 멧기장), 차진 것을 출(秫 찰기장), 수수를 촉서(蜀黍)라 이름.
稷	피	직	俗呼粺子苗穗似蘆或云秫黍也或云卽穄也	[俗呼; 패자(稗子)] 싹과 이삭이 갈대와 유사 / 더러 선서(秫黍 산기장). 더러 즉제(卽穄)라 이름.
粳	뫼뿔	경	通作秔	멥쌀 경. 보통 갱(秔 메벼)으로 적음
糯	추뿔	나	或作稬穤	찹쌀 나. 이나(稬穤찰벼)로도 적음
秈	뫼뿔	션		뫼쌀 션.
秫	출기장	틀		찰기장 출(秫).
稻	벼	도	不粘者	메벼(차지지 않은 것)
粱	싱동출	량	靑粱粟	생동찰 량. 청량율(靑粱粟:푸른 찰기장)
稗	피	패	俗呼-子	[俗呼;패자(-子)].
粟	조	속	俗呼穀子呼米曰小米	[俗呼;곡자(穀子)] 흔히 米(쌀)을 소미(小米:좁쌀)라 이름

形	訓	音	註	풀이
薏	율믜	의		율무 의.
苡	율믜	이	薏-今俗呼玉蜀黍又車前草曰苤-亦作苢	율무 이. 이이금(薏苡今). [俗呼;옥촉서(玉蜀黍 옥수수), 차전초(車前草), 다이(茶苡)] '이(苢)'로도 적음.
荏	들깨	심	或呼蘇子其油曰重油又참 깨曰白-又曰脂麻	들깨 임. 더러 소자 기름은 중유 참깨는 백임(白荏) 지마(脂麻)라고 이름
鵲	변두	변	白-豆黑-豆俗又呼氵公 籬斗	변두 변. 백변두(白-豆),흑변두(黑-豆). [俗呼;연리두(沿籬斗)]
豌	출콩	완	一云 강남콩 완	찰콩 완. -강남콩 완.
豇	광쟝이	강	俗呼-豆又長-	광저기 강. [俗呼;장두(豇豆), 장강(長豇)]
荳	풋	두	俗呼小豆又록도曰菉豆俗作豆	팥 두. [俗呼;소두(小豆) /녹두를 녹두(菉豆)라 함. [俗;두(豆)로 적음]
菽	콩	숙	俗呼黃豆	콩 숙. [俗呼; 황두(黃豆)]

蔬菜 (소 채)

形	訓	音	註	풀이
茄	가지	가	俗呼茄子又呼落酥	[俗呼; 가자(茄子), 낙소(落酥)]
苽	외	과		
葱	파	총	俗稱大葱又小葱 돌뢰	[俗] 대총(大葱) 소총(小葱). 달래
蒜	마눌	숸	一名葫又小蒜 돌뢰	마늘 산. -일명; 호(葫)/ 소산(小蒜:작은 달래):달래
韭	염교	구		부추 구.
薤	부치	혜		부추 혜.
蕺	멸	즙	俗呼筆管菜又龍鬢菜	삼백초 즙. 약모밀 [俗呼;필관채(筆管菜), 용빈채(龍鬢菜)]
筍	듁슌	슌	今作笋	죽순(竹筍) 순. 지금은 '순(笋)'으로 적음

形	訓	音	註	풀이
蔘	더덕	숨	俗呼沙蔘山蔘又人蔘藥名亦作蓡	더덕 삼. [俗呼;사삼(沙蔘), 산삼(山蔘) 또는 인삼(人蔘)] [약명(藥名); '산(蓡)'으로 적음.
茮	삽듀	튤	俗呼蒼朮菜或作朮	삽주 출. [俗呼; 창출채(蒼朮菜]. 더러 '출(朮)'로 적음.
藜	도ㅌ랏	례	俗呼落-又-藋又曰灰菜	[俗呼;낙려(落藜), 여조(藜藋)/ 회채(灰菜)]
莧	비를	현	俗呼莧菜又稱芢荇又쇠비름曰馬齒莧	비름 현. [俗呼; 현채(莧彩), 인행(芢荇)] 쇠비름; 마치현(馬齒莧)이라 함.
蕠	버슷	션	在地者	버섯 연. 땅에 난 것.
栭	버슷	ㅿ이	在木者呼木耳	버섯 이. 나무에 난 것을 '목이(木耳)'라 부름.
蕈	버슷	심	在地者	버섯 심. 땅에 난 것.
菌	버슷	균	在木者	버섯 균. 나무에 난 것.
苦	도랏	길	正音걸	도라지 길. 《正音》:'걸'
蕑	도랏	경	俗呼苦-	도라지 경. [俗呼;길경(苦蕑]]
芫	고ㅅ	원		고수풀 원. 팥꽃나무.
荽	고ㅅ	슈	俗呼芫荽	고수풀 유. [俗呼; 원유(芫荽)]
匏	박	포	味苦其形圓子形兩頭. 皆方瓠子一頭圓	조롱박. 맛이 쓰고 둥글고 子形 2머리. 모든 瓠(호)는 子形 하나에 머리가 둥글다.
蓼	엿귀	료		여뀌 료.
茴	회향	회	亦作蘹	'회(蘹)'로도 적음.
芹	미나리	근		

形	訓	音	註	풀이
蘿	댓무수	라	又蘿藦새박 女-새삼	무 라. /라마(蘿藦);새박 / 여라(女蘿); 새삼
蔔	댓무수	복	俗呼蘿-又簹-梔子花	무 복. [俗呼; 라복(蘿蔔), 첨복(簹蔔), 외자화(梔子花)]
蔓	쉿무수	만	又去聲藤蔓너출	순무 만. [去聲; 등만(藤蔓): 너출]
菁	쉿무수	쳥	俗呼蔓-	순무 청. [俗呼; 만청(蔓菁)]
菘	빈치	숭	俗呼白菜	배추 송. [俗呼; 백채(白菜)]
薺	나싀	제	俗呼-菜又-苨 계로기苨音你	냉이 제. [俗呼; 제채(薺菜), 제니(薺苨)]
芌	토란	우	俗稱-頭嬭俗作芋 우	[俗稱 ;우두내(芋頭嬭)] [俗 '우(芋)'로 적음]
蓴	슌	쓘		순나물 순.
苜	게유목	목		
蓿	게유목	슉	苜--名鶴頂草	게유목 숙. 목숙(苜蓿). -일명;학정초(鶴頂草)
薯	마	셔		마 서.
蕷	마	여	薯-俗呼山藥	서여(薯蕷). [俗呼; 산약(山藥)].
芥	계즛	개	俗稱-菜又뎡가曰荊-- 名假蘇又草-	겨자 개. [俗稱 ;개채(芥菜)/ 뎡가; 형개(荊芥)] -일명; 가소(假蘇) / 초개(草芥: 하찮은 것 비유)
薑	싱양	쌍	亦作彊	생강 강. 강(彊)으로도 적음.
蘑	표고	마		
菇	표곳	고	俗呼蘑-又呼香蕈	[俗呼; 마고(蘑菇), 향심(香蕈)]

形	訓	音	註	풀이
蘘	양핫	양	卽-荷	양하 양. 즉, 양하(蘘荷)
蒡	우왕	방	卽牛蒡菜俗呼芋芳	우엉 방. 즉, 우방채(牛蒡菜) [俗呼;우방(牛蒡)]
萵	부루	와		상추 와.
苣	부루	거	俗呼萵-或呼靑菜或呼生莢	상추 거. [俗呼 ; 와거(萵苣)]. 더러 청채(靑菜), 생협(生莢)이라 부름.
蕨	고사리	궐	俗呼拳頭菜	고사리. [俗呼;권두채(拳頭菜)]
蘩	고사리	별		
藕	년ᄉᆞᆫ	우	俗呼-菜	연근(蓮根) 우. [俗呼 ;우채(藕菜 연뿌리)]
蘇	초소기	소	俗呼紫-又들뻬曰-子又水-을왕하一名雞蘇	치조기 소. [俗呼; 자소(紫蘇)] '들깨'를 소자(蘇子)/ 수소(水蘇)를 '물왕하' -일명;개소(雞蘇).
菠	시근치	파		시금치 파.
薐	시근치	릉	俗呼菠-菜又呼赤根菜又呼菠菜	시금치 릉. [俗呼 ;파릉채(菠薐菜), 적호채(赤根菜),파채(菠菜)]
莙	근대	군		
蓬	근댓	달	今呼莙蓬菜	근대 달. 요즘은 군달채(莙蓬菜)로 부름.
蕖	샤라부루	거	苦-菜江東呼苦蕒	치커리 거. 고거채(苦蕖菜) [江東(稱) ;고매(苦蕒)]
蕒	샤라부루	미	一名苦-俗呼苦-菜曲曲菜田菁菜菁音精	치커리 매. -일명 고매(苦蕒) / 고거채(苦蕖菜), 곡곡채(曲曲菜), 전정채(田菁菜)/ 菁의 音은 정(菁).
荸	올미	불	荸-一名鳧茨 一名烏芋	올방개 발. -일명; 부자(鳧茨), 오우(烏芋)
薺	올미	제	俗呼地栗方書荸薺亦作芧薺	올방개 제. [俗呼;지율(地栗)] 《方書》:발제(荸薺). 발제(芧薺)로도 적음.

形	訓	音	註	풀이
蔢	박핫	파	國語又呼 영싱	박하 파. [우리말; '영생이'로 부름]
蕳	박핫	하	方書蔢蕳亦作薄荷	박하 하. 《方書》:파하(蔢蕳) 박하(薄荷)로 적음
芣	뵈쌍이	부	俗呼蝦蟆衣草	배짱이(질경이)부. [俗呼 ;하마의초(蝦蟆衣草)]
苢	뵈쌍이	이	又呼車過路草詩芣苢亦作苡	배짱이(질경이)이. [俗呼;차과로초(車過路草)] 《詩》采采芣苢 뜯세 뜯세 질경이 '苡'로도 적음
蔞	믈뿍	루	俗呼水蒿草	물쑥 루. [俗呼;수호초(水蒿草)]
葵	아옥	규	-菜又花名見上	아욱 규. 규채(葵菜) / 앞에 花名(화명)을 보시오.
菜	뇌야기	슈	俗呼香-菜亦作薷	향유 유. [俗呼; 향유채(香菜菜)] '유(薷)'로도 적음
蓖	피마ᄌ	비	俗呼蓖麻又呼大麻	아주까리(피마자) 비. [俗呼;비마(蓖麻),대마(大麻)]

禽 鳥 (금 조)

形	訓	音	註	풀이
鳳	봉황	봉	雄曰-	수컷을 봉(鳳)이라 함.
凰	봉황	황	雄曰-	암컷을 황(凰)이라 함.
鸞	란됫	란	俗呼彩-神鳥	란조(鸞鳥) 란. [俗呼;채란(彩鸞), 신조(神鳥)]
鶴	학	학	俗呼仙-	[俗呼; 선학(仙鶴)]
鴻	그려기	홍	大曰-	기러기 홍. / 큰 기러기; 홍(鴻)
鴈	그려기	안	小曰-	기러기 안. / 작은 기러기; 안(雁)
鴇	너싀	부	一名鴇俗呼鴇子	너새 일명;보(鴇) [俗呼;능자(鴇子)]
鵠	고해	곡	水鳥黃鵠	고니 곡. 물새. 황조(黃鵠)

形	訓	音	註	풀이
鶄	도룡태	숑	俗呼-兒又呼弄鬪兒	새매 숑. [俗呼; 숑아(-兒), 농투아(弄鬪兒)]
鶻	매	골	兎鶻익더귀又나친曰鴉鶻	매. 토골(兎鶻);익더귀 / 나친; 아골(鴉鶻)
鷹	매	웅	海靑송골매老-댓두러기黃鷹갈지게	해청(海靑): 송골매 / 노응(老鷹) : 댓두러기. 황응(黃鷹): 갈지개.
隼	매	쥰	又秋鷹보라매白角鷹컥진	매 준. 추응(秋鷹) ; 보라매./ 백각응(白角鷹) : 컥진
鵂	부훵이	휴		부엉이 휴.
鶹	부훵이	류	方書鵂--名訓狐	부엉이 류.《方書》: 휴류(鵂鶹). 一名; 훈호(訓狐)
鴞	부훵이	효	又鴟-	부엉이 효. / 치효(鴟鴞)
鵩	부훵이	복		부엉이 복.
鵰	수리	됴	俗呼-鷹	독수리 조. [俗] 조응(皂鷹)
鷲	수리	츄	又呼黑鷹	독수리 추. / 흑응(黑鷹)이라 부름.
鸛	한새	관	俗呼老-	황새 관. [俗呼; 노관(老鸛)]
鶩	다와기	목	俗呼紅鶴	따오기 목. [俗呼 ; 홍학(紅鶴)]
鶬	오과리	챵	俗呼靑鶬亦作鴿	오과리 창. [俗呼 ;청장(靑鶬)]. 장(鴿)으로도 씀.
鷸	도요	휼	俗呼水札子又翠鳥亦曰-	도요새 휼. [俗呼 ;수찰자(水札子)] / 취조(翠鳥)를 이름.
鶖	므수리	독		두루미 독.
鶩	므수리	츄	俗呼鶖-	두루미 추. [俗呼 ;독추(鶖鶖)]

形	訓	音	註	풀이
鶲	할미새	옹		
鶋	할미새	거	鶲鶋水鳥即脊令	옹거(鶲鶋)는 물새. 즉, 척령(鶺鴒)
鶺	할미새	척		할미새 척.
鴒	할미새	령	俗呼鶺-鳥又呼水不刺又呼雪姑兒	[俗呼;척령조(鶺鴒鳥),수부랄(水不刺),설고아(雪姑兒)]
鵓	집비두리	불	-鳩	집비둘기 발. 발구(鵓鳩)
鴿	집비두리	합	俗呼鴿子又曰鵓鴿	집비둘기 합. [俗呼 ;합자(鴿子), 발합(鵓鴿)]
鴷	뎌고리	렬	啄木也俗呼啄木官	딱따구리 렬. 나무를 쫀다. [俗呼; 탁목관(啄木官)]
鳩	비두리	구	揔稱	비둘기 구. 비둘기의 [총칭(總稱)]
鷂	새매	요	俗呼-子-鷹	[俗呼;요자(鷂子:새매의 암컷), 요응(鷂鷹)]
鸇	새매	전	俗呼青鸇又黃鸇子구겨내	[俗呼;청전(青鸇), 황전자(黃鸇子)] 맷과의 맹조(猛鳥) 구겨내.
鷐	새매	신		
風鳥	새매	풍	詩晨風	《詩》율피신풍(駇彼晨風) 울피북림(鬱彼北林) 쏜살 같은 쏙독새 울창한 저 북림으로 날아가네.
鷜	두루미	주		
鷺	두루미	로	俗呼鷀-	[俗呼;자로(鷀鷺鳥)]
鵜	사ᄃ새	뎨		사다새 제.
鶘	사ᄃ새	호	鵜鶘一名汙澤俗呼陶河	사다새 호. 제호(鵜鶘) -일명; 오택(汙澤) [俗呼;도하(陶河)]

- 45 -

形	訓	音	註	풀이
鷄	둙	계		닭 계.
雉	꿩	티	俗呼野鷄	꿩 치. [俗呼 ;야계(野鷄;멧닭)]
鵝	거유	아	又天-곤	거위 아. / 천아(天鵝) ; 곤.
鴨	올히	압	俗呼-子又有梳-子빗올히	오리 압. 집오리. [俗呼; 압자(鴨子)] /소압자(梳鴨子);빗오리.
鴡	징경이	져		물수리 저.
鷗	길며기	구	俗呼江鷹又呼海猫兒又呼江-	갈매기 수. [俗呼; 강응(江鷹), 해묘아(海猫兒), 강구(江鷗)]
鴇	믓올히	셔	俗呼野鴨子	뭍 오리 서. [俗呼; 야압자(野鴨子)]
鳧	믓올히	부		뭍 오리 부.
鷦	볍새	쵸		뱁새 초.
鷯	볍새	료	俗呼鷦鷯	뱁새 료. [俗呼;초애(鷦鷯)]
鶬	아리새	창		꾀꼬리 창.
鶊	아리새	경	俗又呼叫天兒或呼麻雀詩鶬-	꾀꼬리 경. [俗又呼;규천아(叫天兒),마작(麻雀)]. 《詩》 春日載陽 有鳴鶬鶊 (춘일재양 유명창경) 봄날 햇볕 따뜻해져 꾀꼬리 울어대면~.
烏	가마괴	오	慈烏反哺即純黑者俗呼老鴉	까마귀 오. 자오반포(慈烏反哺) 즉, 새까만 새. [俗呼;노아(老鴉)]
鴉	골가마괴	아	俗呼寒鴉	[俗呼;한아(寒鴉)]
鸒	골가마괴	여		갈 까마귀 여.
鵯	골가마괴	스	詩鸒-	갈 까마귀 사. 《詩》鸒斯得匹居 蒿下盈萬族 갈 까마귀 짝을 이루어 쑥 덤불 아래 가득하구나.

形	訓	音	註	풀이
隹	새	쵸	短尾者皆曰隹	새 추. 꼬리 짧은 새를 대개 '추(隹)'라 이름.
雀	새	쟉	俗呼黃-	새 작. [俗呼 ;황작(黃雀)] 참새.
梟	올바미	효	俗呼禿角又呼夜猫	올빼미 효. [俗呼 ;독각(禿角), 야묘(夜猫)]
鷁	부룸가비	익		바람개비 익.
鷰	져비	연	俗呼拙燕呼멱마기曰胡-又曰巧-	제비 연. [俗呼;졸연(拙燕)]/ 멱마기;호연(胡燕), 교연(巧鷰)이라 함.
鳦	져비	을	鳦又音軋俗又呼燕子	제비 을(鳦). / 알(軋)音 / 연자(燕子)로 부름.
鸎	곳고리	잉	亦作鶯俗呼黃-黃鳥	꾀꼬리 앵. '앵(鶯)'으로도 적음. [俗呼; 황앵(黃鸎), 황조(黃鳥)]
鸝	곳고리	례	一名黃鸝鶹俗又呼黃-	꾀꼬리 려. -일명 황률류(黃鸝鶹). [俗呼;황리(黃鸝)]
鳲	버국새	시	鳲鳩一名戴勝一名搏黍	뻐꾸기 시. 시구(鳲鳩)/ -일명:대승(戴勝), 단서(搏黍).
鳺	버국새	궤	-子鳴則買鉈作農故亦曰買鉈鉈 놀가래	뻐꾸기 궤. 뻐꾸기가 '매궤(買鉈;호미사오)'라고 운다하여 '농(農)'으로 적음. / '매궤궤'라 함.
鴶	버국새	알	一名布穀	뻐꾸기 알. -일명;포곡(布穀)
鵴	버국새	국	俗又名郭公鳥詩注鴶-	[俗;곽공조(郭公鳥)]. 《詩傳》:길국(鴶鵴)이라 풀이.
鵪	모쵸라기	암	俗作鶕	메추라기 암. [俗; '암(鶕)'으로 적음]
鶉	모쵸라기	슌	俗呼鵪-	메추라기 순. [俗呼; 암순(鵪鶉)]
鳶	쇠로기	연	俗呼搖鷹	솔개 연. [俗呼; 요응(搖鷹)]
鴟	쇠로기	치	又呼鵝老翅又鵂鶹亦曰角-	솔개 치. / 아로시(鵝老翅), 휴류(鵂鶹), 각치(角鴟)로 불림.

形	訓	音	註	풀이
鵲	가치	쟉	俗呼喜-又呼靈-	까치 작. [俗呼 ; 희작(喜鵲), 영작(靈鵲)]
鸒	댓가치	혹	即練鵲俗呼山鵲又音鶡	메까치 학. 즉, 연작(練雀). [俗呼 ; 산작(山鵲), 음악(音鶡)]
鳺	접동새	규	俗呼子-通作規	접동새 규. [俗呼 ; 자규(子規)] 보통 '규(規)'로 적음.
鵑	접동새	견	俗呼杜鵑又呼寒火虫	접동새 견. [俗呼 ; 두견(杜鵑), 한화충(寒火蟲)]
鸊	믓둙	계	本國又呼 듬부기계	뭍 닭(뜸부기) 계. [우리말 : 뜸부기]
鷉	믓둙	틱	鸊鷉水鳥	뭍 닭(뜸부기) 칙. 계칙(鸊鷉). 물새.
鷺	하야로비	로		해오라기 로.
鷥	하야로비	스	俗呼鷺-	해오라기 사. [俗呼 ; 로사(鷺鷥)]
翡	쇠새	비		비취새 비.
翠	쇠새	취	俗呼-雀亦呼翡-	비취새 취. [俗呼 ; 취작(翠雀), 비취(翡翠)]
鸚	잉무	잉	俗呼-哥	앵무 앵. [俗呼 ; 앵가(鸚哥)]
鵡	잉뭇	무	亦作鵡亦作呼鸚-	앵무새 무. '무(鵡)'로도 적음. '앵무(鸚鵡)'로 적고 부르기도 함.
鴛	원앙	원		
鴦	원앙	앙	俗呼鴛-	[俗呼 ; 원앙(鴛鴦)]
鸕	가마오디	로		가마우지 로.
鷀	가마오디	즈	俗呼水老鴉亦呼鸕鷀峽中呼烏鬼	가마우지 자. [俗呼 ; 수로아(水老鴉), 로사(鸕鷀)] 협중(峽中)지역 ; 오귀(烏鬼)라 함]

形	訓	音	註	풀이
			獸畜 (수축)	
麒	긔린	긔	牡曰-	기린 기. 수컷을 기(麒)라 함.
麟	긔린	린	牝曰-亦作麐	기린 린. 암컷을 린(麟) / '麐(린)'으로도 적음
虎	갈웜	호	俗呼老-又呼大虫楚謂 於菟	갈 범 호. [俗呼;노호(老虎),대충(大虫) / 초(楚)지역; 오도(於菟)]
豹	표윔	표	俗呼金絲-又시라손曰 土-	표범 표. [俗呼;금사표(金絲豹)] / 시라소니; 토표(土豹) 라 함.
象	고키리	샹		코끼릴 상.
獅	ᄉ짓	ᄉ		사자 사.
狻	ᄉ지	산		사자 산.
猊	삿기	예	獅之子	새끼사자 예.
獐	노르	쟝	牙-수草-암	노루 장. 아장(牙獐);수컷. / 초장(草獐);암컷.
麕	노르	균		노루 균.
麃	고라니	포	俗呼-子	[俗呼;포자(麃子:새끼노루)]
麝	샤향노르	샤		사향노루 사.
麋	사슴	미	鹿之大者	큰 사슴 미.
鹿	사슴	록	角-수麋-암	사슴 록. 각록(角鹿);수컷 / 미록(麋鹿); 암컷.
麀	사슴	우	牝曰鹿一名麎	사슴 우. 암컷을 -일명; 신(麎).
麛	삿기	미	鹿之子	새끼노루 미.

形	訓	音	註	풀이
豺	숭량이	싀	俗呼豺狗	승량이 시. =늑대 [俗呼;시구(豺狗)]
狼	일히	랑		이리 랑.
獱	넝우리	빈		너구리 빈.
獺	넝우리	달	俗呼水-	너구리 달. [俗呼;수달(水獺)]
獼	납	미		잔나비 미.
猴	납	후	俗呼-兒	잔나비 후. [俗呼;후아(猴兒)]
猢	납	호		잔나비 호.
猻	납	손	俗又呼猢猻	잔나비 손. [俗呼;호손(猢猻)]
犀	므쇼	셔	似水牛一云似豕蹄有三甲頭如馬水-三角山-二角	무소 서. 물소와 유사. 돼지족발 같은 것이 3개 있고 갑두(甲頭)는 말을 닮음. 물소는 뿔이 3개, 산 무소는 뿔이 2개.
貂	돈피	툐	俗呼-鼠	담비 초. [俗呼;초서(貂鼠)]
豨	돋	희	楚人呼豬曰-	돼지 희. [楚人呼; 저(豬), 희(豨)]
貓	괴	묘	正音毛	고양이(괭이) 묘. /《正音》: 모(毛)
駒	무야지	구		망아지 구.
犢	숑아지	독		송아지 독.
猩	싱싱이	셩		성성이(오랑우탄) 성.
猿	납	원		잔나비 원.

形	訓	音	註	풀이
羖	염쇼	고	通作羧	염소. 보통 '羧(고)'로 적음
瓑	염쇼	력	俗呼羖-羊又呼山羊	산양. [俗呼;고력양(羖瓑羊), 산양(山羊)]
羊	양	양	俗呼胡-綿-	[俗呼;호양(胡羊), 면양(綿羊)]
羔	삿기	고	俗呼羔兒又獐之子亦曰獐羔	새끼양 고. [俗呼;羔兒(고아)] / 새끼노루; 장고(獐羔)라 함.
猪	돋	뎨		돼지 저.
豕	돋	시		돼지 시.
彘	돋	톄	小於猪	돼지 체. 어린 돼지.
豚	삿기	돈	猪之子	새끼돼지 돈.
貉	우슭	학	本國音락俗呼山獺又呼睡貉子	[우리말音;락(담비)]' [俗呼;산달(山獺)/수달자(水獺子; 새끼수달)]
貆	삿기	훤	貉之子	새끼수달 훤.
狐	여으	호	俗呼-狸	여우 호. [俗呼;호리(狐狸)]
狸	숡	리	俗呼野猫	삵 리. [俗呼; 야묘(野猫)]
熊	곰	웅	小曰熊	적은 곰 웅(熊).
羆	곰	비	大曰羆	왕 곰 비(羆).
駝	약대	탁		낙타 탁.
駝	약대	타	俗呼駝駝	낙타 타 [俗呼; 탁타(橐駝)]

形	訓	音	註	풀이
狗	가히	구		개 구.
獒	큰가히	오	六尺為獒	큰 개 오. 6척 큰 개를 오(獒)라 함.
犬	가히	견	俗呼삽살가히曰絡絲狗	개 견. [俗呼;삽살개 = 낙사구(絡絲狗)]
尨	더펄가히	방	俗呼獅子狗	더펄개 방. [俗呼; 사자구(獅子狗)]
馬	몰	마	俗稱兒-아질게몰	말 마. [俗稱;아마(兒馬): 아질게말(길들이지 않은 어린 말)
牛	쇼	우	俗呼蟒-한쇼花-어룽쇼	소 우. [俗呼; 망우(蟒牛):=한(황)소 / 화우(花牛)=얼룩 소.]
驢	나귀	려		
騾	노새	로		
貒	오슥리	단	俗呼土猪	오소리 단. [俗呼;토저(土猪)]
貆	담뵈	환	俗呼狗-	담비 환. [俗呼;구환(狗貆)]
兎	톳기	토		토끼 토.
蝟	고솜돋	위	俗呼刺蝟	고슴도치 위. [俗呼;자위(刺蝟)]
鼢	두디쥐	분		두더쥐 분.
鼠	쥐	셔	俗呼耗子又老鼠	쥐 서. [俗呼; 모자(耗子), 로서(老鼠)]
鼯	두라미	오	俗呼山鼠又松鼠	다람쥐 오. [俗呼;산서(山鼠), 송서(松鼠)]
鼪	두라미	싱		다람쥐 생.

形	訓	音	註	풀이
		鱗介 (인개)		
龍	미르	룡		용 룡.
龜	거붑	귀	俗呼烏龜	거북 귀. [俗呼;烏鬼(오귀)]
黿	쟈래	원	鼈之大者	자라 원. 큰 자라.
鼈	쟈래	별	俗呼王八又呼團魚其殼曰團板	자라 별. [俗呼; 왕팔(王八), 단어(團魚). 그 껍질; 단판(團板)]
螃	게	방	俗呼尖臍수團臍암	게 방. [俗呼;첨제(尖臍):수컷 / 단제(團臍):암컷]
蟹	게	히	俗呼螃-	게 해. [俗呼; 방해(螃蟹)]
蠣	굴	려	俗呼蠣房牡-	굴 려. [俗呼; 해방(蠣房). 수컷; 려(蠣)]
蟶	가리맏	뎡	俗呼蟶腸	가리맏 정. 긴맛과 조개. [俗呼;정장(蟶腸)]
鰕	새요	하	通作蝦	새우 하. 보통 '하(蝦)'로 적음
𧒇	쟈개	파	俗呼海𧒇亦作𧑎	자개 파. [俗呼;해파(海𧒇)] '파(𧑎)'로도 적음.
蚌	싱포	방	亦作蜯	방합 방. 방(蜯)으로도 적음.
鰒	싱포	박	俗呼-魚又呼砑螺又呼石決明又呼九孔螺	전복(떡조개) 박. [俗呼;복어(鰒魚), 아라(砑螺), 석결명(石決明) 구공라(九孔螺]
蛤	죠개	합		조개 합.
蜊	죠개	리	俗呼蛤-	조개 리. [俗呼;합리(蛤蜊)]
蜃	죠개	슌	大曰-小曰蠯	조개 순. 큰 조개; '蜄(진) / 작은 것; 蠯(현).
蜆	가막죠개	현	俗呼蜆子通作蚬	가막죠개 현. [俗呼; 현자(蜆子)] 보통 '현(蚬)'이라 적음.

形	訓	音	註	풀이
鯨	고래	경	雄曰-	수컷 경(鯨)
鯢	고래	예	雌曰-	암컷 예(鯢)
鏈	련어	련		연어
鲂	방어	방		방어
鰻	빈얌댱어	만		뱀장어 만.
鱺	빈얌댱어	리	俗呼黃鱔又曰鰻-魚	뱀장어 리. [俗呼; 황선(黃鱔), 만리어(鰻鱺魚)]
鰍	믯구리	츄	俗呼泥-	미꾸라지 추. [俗呼; 니추(泥鰍)]
鱔	드렁허리	션	亦作鱓	두렁허리 선. 선(鱓)으로도 씀.
鮒	부어	부	-魚	붕어 부. 부어(鮒魚)
鯽	부어	즉	俗呼魚色赤者曰金鯽魚	붕어 즉. [俗呼; 빛깔이 붉어 금즉어(金鯽魚)]
鱖	소가리	궐	俗呼-魚又音貴	쏘가리 궐. [俗呼; 궐어(鱖魚)] / 귀(貴)音
鰳	쥰티	륵	俗呼-魚	준치 륵. [俗呼; 늑어(鰳魚)]
鯔	슈어	치	俗呼梭魚	숭어 치. [俗呼; 준어(俊魚)]
鰷	빙어	됴	俗呼麵條魚	뱅어 조. [俗呼; 면조어(麵條魚)]
鯖	비웃	쳥	俗呼鯖魚	고등어 청. [俗呼; 청어(鯖魚)]
鱧	가모티	례	亦作(魚蠡)俗呼烏魚又呼火頭魚	가물치 례. '魚蠡'로도 적음. [俗呼; 오어(烏魚), 화두어(火頭魚)]

形	訓	音	註	풀이
鮂	복	하	即河豚	복어 하. =하돈(河豚)
魨	복	돈	俗呼-魚又呼鮂-字本作河豚又을아치曰江豚	복어 돈. [俗呼; 돈어(魨魚), 하돈(鮂魨)]. 《字本》: 하돈(河豚)으로 적음. /물아치;강돈(江豚)이라 함
鮎	메유기	념	俗呼-魚	메기 점. [俗[俗呼; 점어(鮎魚)]
鰋	메유기	언		메기 언.
鯊	상엇	사		상어 사.
鱸	로어	로		농어 로.
鯼	조긔	종	俗呼石首魚	조기 종. [俗呼; 석수어(石首魚)]
鯉	리어	리	其鱗一行三十六	잉어 리. 비늘이 1줄에 36개

蜫蟲(곤충)

形	訓	音	註	풀이
蜘	거믜	디		거미 지.
蛛	거믜	듀	俗呼蜘-	거미 주. [俗呼; 지주(蜘蛛)]
蚇	자재	척		자벌레 척.
蠖	자재	확	-蠖一名步屈俗呼曲曲虫	자벌레 확. 척확(蚇蠖). -일명; 보굴(步屈). [俗呼; 곡곡충(曲曲蟲)]
蛉	존자리	령	俗呼蜻-又螟-桑虫	잠자리 령. [俗呼;청령(蜻蛉), 영상충(蛉桑虫)]
蛚	존자리	렬	蟋蟀亦曰蜻-	잠자리 렬. 실솔(蟋蟀) 또는 청렬(蜻蛚)로 부름.
蜻	존자리	청		잠자리 청.
蜓	존자리	뎡	俗呼蜻-又上聲在壁曰蝘-即蝎虎一名守官	잠자리 정. [俗呼;청정(蜻蜓)]. [上聲;재벽(在壁), 언정(蝘蜓) =갈호(蝎虎)] -일명;수관(守官)

形	訓	音	註	풀이
蠨	골거믜	쇼		갈거미 소.
蛸	골거믜	쇼	一名長蛸詩蠨	갈거미 소. -일명;장기(長蛸)/《詩》蠨蛸蠨蛸在戶(소소재호) 사립문엔 갈거미 줄을 치고
蟢	골거믜	희	俗呼-子	갈거미 희. [俗呼; 희자(蟢子)]
螯	가재	오	俗呼石-又呼剌古又呼倒虫又蟹大足曰-	[俗呼; 석오(石螯), 랄고(剌古)] 도충(倒虫)은 발이 큰 게를 이름.
蛺	나비	협		나비 협.
蝶	나비	뎝	胡-又呼-兒亦呼蛺-	나비 접. [俗呼; 호접(胡蝶),접아(蝶兒),협접(蛺蝶)]
蛾	나비	아	俗呼蚕蛾	나비 아. [俗呼; 蚕蛾(천아)]
螢	반도	형	俗呼螢火虫又呼明火虫	반딧불이(개똥벌레) 형. [俗呼;형화충(螢火蟲), 명화충(明火虫)]
蚯	거위	구		거미 구.
蚓	거위	인	俗呼蚯-	거미 인. [俗呼;구인(蚯蚓)]
蛐	거위	곡		거미 곡.
蟮	거위	션	亦作蟺蚯蚓一名蛐-	거미 선. 蟺(선)으로도 적음. 구인(蚯蚓)을 -일명; 곡선(蛐蟮).
蠐	굼벙이	졔	又呼蝤-	굼벵이 제. [俗呼; 추제(蝤蠐)]
蝤	굼벙이	조	蟒蠐腐草所化至秋化為蟬	굼벵이 조. 추제(蝤蠐)는 썩은 풀에 있다가 가을이면 나비가 됨.
蝸	돌팡이	과	俗呼瓜牛又呼螺子	달팽이 과. [俗呼; 과우(瓜牛), 라자(螺子)
蠅	푸리	승	俗呼蒼蠅	파리 승. [俗呼; 창승(蒼蠅]

形	訓	音	註	풀이
蛇	빈얌	샤	俗呼蛇子	뱀 샤. [俗呼; 사자(蛇子)]
蟒	구렁이	망	俗呼大蟒	구렁이 망. [俗呼; 대망(大蟒 이무기)]
虺	독샤	훼		독사 훼.
蝮	독샤	복	拆母腹胎生	독사 복. 어미 배를 가르며 태어남.
蠆	전길	태	長尾為蠆	전갈 태. 긴 꼬리 전갈을 태(蠆)라 함
蠍	전갈	헐	短尾為-俗呼-子	전갈 헐. 긴 꼬리 전갈을 이름 [俗呼; 헐자(蠍子)]
蚊	모긔	문	俗呼-子	모기 문. [俗呼; 문자(蚊子)]
虻	둥의	밍	俗呼-虫	등에 맹. [俗呼; 맹충(虻蟲)]
蝑	쥐며느리	셔		쥐며느리 서.
蝜	쥐며느리	부	俗書作鼠婦	[俗] 서부(鼠婦: 쥐며느리)로 쓰고 적음.
蛜	쥐며느리	이	俗呼濕生虫	[俗呼; 습생충(濕生蟲)]
蝛	쥐며느리	위	詩蛜蝛	《詩》蛜蝛在室 蠨蛸居戶(이위재실 소소거호) 쥐며느리 방안에 갈거미는 사립문에 가득
蠷	그르메너흐리	구		집게벌레 구.
蠼	그르메너흐리	수	蠷-尿人影必瘡	집게벌레 수. 구수(蠷蠼): 그 오줌은 사람에게 부스럼을 일으킴.
蜣	물똥구으리	강	又曰蛣-	말똥구리 강. / 길강(蛣蜣)
蜋	물똥구으리	랑	俗呼蜣-	말똥구리 랑. [俗呼; 강랑(蜣蜋)]

形	訓	音	註	풀이
螢	머구리	경	又呼납거의曰壁-字亦作蟗	개구리 경. / 납거미=벽경(壁螢) /글자는 '蟗'로도 적음.
黽	머구리	명	蛙屬	맹꽁이 명. 와속(蛙屬)
蛙	머구리	와	俗呼水-又曰鷄	개구리 와. [俗呼; 수와(水蛙) / 계(鷄)].
蟈	머구리	국	齊魯謂蛙爲蟈	개구리 국. [齊魯謂; 와(蛙)라 이르고, 곡(蟈청개구리)이라 함]
蜩	믜야미	됴	俗呼秋涼兒	매미 조. [俗呼; 추량아(秋涼兒)]
蟬	믜야미	션	俗呼秋蟬兒	매미 선. [俗呼; 추선아(秋蟬兒)]
蓁	믜야미	진		매미 진.
螗	믜야미	당		매미 당.
蚰	지차리	유		그리마(땅지네) 유.
蜒	지차리	연	俗呼蚰-	그리마(땅지네) 연. [俗呼; 유연(蚰蜒)]
蚕	누에	줌		누에 잠.
蛹	본도기	용	俗呼蚕-	번데기 용. [俗呼; 잠용(蠶蛹)]
蝙	붉쥐	편		박쥐 편.
蝠	붉쥐	복	俗呼蝙蝠	밝쥐 복. [俗呼; 편복(蝙蝠)]
螳	당의야지	당	俗呼螳螂兒	사마귀(버마재비) 당. [俗呼; 당랑아(螳螂兒)]
螂	당의야지	랑		사마귀 당.

形	訓	音	註	풀이
螻	도로래	루		땅강아지 루.
蛄	도로래	고	俗呼螻-又江-又呼上狗 又名膃-	땅강아지 고. [俗呼; 누고(螻蛄), 강고(江蛄), 상구(上狗),/ (고고)膃蛄]
蟫	반대좀	담	俗呼壁魚又呼書魚	빈대 좀 담. [俗呼; 벽어(壁魚), 서어(書魚)]
蟱	진뒤	비	俗呼草蟱又-虫	빈대 좀 비. [俗呼; 초비(草蟱), 비충(蟱虫)]
蜈	지네	오		
蚣	지네	공	俗呼蜈-	[俗呼;오공(蜈蚣)]
蛭	거머리	딜	小曰-	작은 거머리 질(蛭).
蟥	거머리	황	大曰-俗呼馬-	큰 거머리 황(蟥). [俗呼; 마황(馬蟥)]
蜥	되룡	셕		도룡룡 석.
蜴	되룡	텩	在水曰蜥-析雨時用之	도룡룡 척. 물에 사는 석척(蜥蜴); 기우제(祈雨祭) 때 사용.
蠑	도마뱌얌	영	在壁曰蠑蚭	도마뱀 영. 벽(壁)에 사는 언정(蠑蚭)
蚖	도마뱌얌	원	在草曰蠑-	도마뱀 원. 풀에 사는 영원(蠑蚖)
螞	묏도기	마	俗呼-蚱	메뚜기 마.
蚱	묏도기	자	俗呼螞-	메뚜기 자. [俗呼;마자(螞蚱)]
蝗	묏도기	황	食禾者俗呼-虫呼子初 生曰蝻虫	메뚜기 황. 벼를 갉아먹는 것 [俗呼; 황충(蝗蟲) / 자초(子初)에 난 것; 남충(蝻虫)]
螽	묏도기	중	詩螽斯	메두기 종. 《詩》螽斯羽 詵詵兮(종사우선선혜) 메뚜기 나니는데 많고도 많다.

形	訓	音	註	풀이
螺	골왕이	라	俗呼-螄又呼水-子	우렁이(소라,다슬기) 라. [俗呼; 라사(螺螄), 수라자(水螺子)]
螄	골왕이	스	又呼田螺又呼蚶螺	우렁이 사. / [又呼;전라(田螺), 감라(蚶螺)]
鰲	갈외	반		가뢰 반. 바커벌레科
蝥	갈외	모	俗呼鰲-書作斑猫	가뢰 모. [俗呼; 반모(鰲蝥)] /《方書》:반묘(斑猫)
蟋	귓도라미	실		귀뚜라미 실.
蟀	귓도라미	솔	俗呼促織兒詩蟋蟀	귀두라미 솔. [俗呼; 촉직아(促織兒)] 《詩》蟋蟀在堂 歲聿其莫 귀뚜라미 집안에 드니 한 해도 어느덧 저물어 가네
蟻	가야미	의	亦作螘	개미 의. '의(螘)'로도 적음
蛬	귓도라미	공		귀뚜라미 공.
虼	벼룩	걸		벼룩 걸.
蚤	벼룩	조	俗呼虼-又呼跳-	벼룩 조. [俗呼;걸조(虼蚤), 도조(跳蚤)]
蟣	혀	긔	俗呼-子	니(蝨)알 기. [俗呼;기자(蟣子)]
蝨	니	슬	俗呼蝨子	니 슬. [俗呼; 슬자(蝨子)]
蜉	흐르사리	부		하루살이 부.
蝣	흐르사리	유	詩蜉蝣之羽	하루살이 유. 《詩》蜉蝣之羽 衣裳楚楚(부유지우 의상초초) 하루살이 날개, 깃옷처럼 아름다워
蠛	누네노리	멸		눈에놀이(진디등에) 멸.
蠓	누네노리	몽	蠛-風春雨磨	눈에놀이 몽. 멸몽(蠛蠓);바람이 찧고 비가 갈아 냄

形	訓	音	註	풀이
蛆	귀더기	져	俗呼-虫謂奸育腐肉中者	구더기 저. [俗呼; 저충(蛆蟲)] 썩은 고기 속을 범해 낳고 기름.
蜂	벌	봉	俗呼-兒釀蜜者曰蜜-兒	[俗] 봉아(蜂兒) 꿀이 만드는 것을 밀봉아(蜜蜂兒)라 함
蛀	좀	쥬	俗呼-虫	좀 주. [俗呼; 주충(蛀蟲)]
蠹	좀	두		
蚹	뭇	디	亦作玳瑇	대모(蚹蝐) 대. 대(玳瑇)로도 적음
蝐	디뭇	모	亦作瑁帽俗呼蚹-	대모 모. '모(瑁,帽)'로도 적음. [俗呼;대모(蚹蝐)]
蠮	바ᄃ리	예	即細腰蜂	바다리(벌) 예. =세요봉(細腰蜂)
螉	바ᄃ리	옹	亦名蜾蠃俗呼蠮螉兒	바다리 옹. 과영(蜾蠃). [俗呼;예옹아(蠮螉兒)]
蝦	머구리	하		두꺼비 하.
蟆	머구리	마	俗呼蝦-亦作蘑	개구리 마. [俗呼;하마(蝦蟆)] '蘑(마)'로도 적음.
蟾	두터비	셤		두꺼비 섬.
蜍	두터비	여	俗呼蟾蜍又呼癩黑蟇	두꺼비 여. [俗呼;섬여(蟾蜍), 라흑마(癩黑蟇)]
蝌	올창이	과		올챙이 과.
蚪	올창이	두	俗呼蝌蚪虫	올챙이 두. [俗呼;과두충(蝌蚪虫)]
蛞	올창이	활		올챙이 활.
蠹	올창이	동	蛞--名活師)	올챙이 동. 활동(蛞蠹) -일명;활사(活師)

形	訓	音	註	풀이
		身體 (신체)		
身	몸	신	俗呼身材얼굴	[俗呼; 신재(身材)]
貌	즛	모	俗稱模樣又曰樣範	짓 모. [俗呼; 모양(模樣), 양범(樣範)]
肢	ㅅ짓	지	四肢	사지 지. 4지(肢:팔다리)
體	몸	톄	五體	몸 체. 5체(體)=머리+팔다리
顔	낫	안		낯 안.
面	낫	면		낯 면.
形	얼굴	형		얼굴 형.
容	즛	용		짓 용.
頭	머리	두		
首	마리	슈		머리 수.
頂	뎡바기	뎡	頭上顚	이마 정. 머리 꼭대기
顖	가마	신	頂門俗呼頂心	가마(숫구멍) 신. 정문(頂門)
額	니마	의	俗稱一顱	이마 액. [俗呼;액로(額顱)]
顱	딋골	로	俗呼腦袋又曰頭一	대골 로. [俗呼;뇌대(腦袋), 두로(頭顱)]
題	니마	뎡	俗稱額角두쎨	이마 정. [俗呼;액각(額角)]
顙	니마	상		이마 상.

形	訓	音	註	풀이
顋	쌤	싀	總稱	뺨 시. 뺨의 [총칭(總稱)]
頰	보죠개	협	髥生處	보조개 협. 양쪽 뺨에 생기는 곳.
顴	쌤	관	臉上左右高骨	뺨 관. 낯 위 양 쪽 광대 뼈
臉	놋	렴		낫 렴.
頲	목	볼	俗呼頲項又稱頲子	목 발. [俗呼; 발항(頲項), 발자(頲子)]
頸	목	경	前曰頸	목 경. 앞 목을 경(頸)이라 함.
脰	목	두	後曰脰	목 두. 뒷목(목덜미)을 두(脰)라 함
項	목	항	總稱亦曰領	목 항. 목의 [총칭(總稱)] 령(領=목)이라 함.
眼	눈	안		눈 안.
目	눈	목	俗呼眼角눈긋肝之竅以司視	눈(알).
睛	눈조쉬	청		눈자위(눈동자) 청.
瞳	눇부텨	동	即-瞳仁	눈부처 동. 즉, 동인(瞳仁)
眸	눇망올	모		눈망울 모.
瞼	눇두에	검	俗稱眼胞	눈꺼풀 검. [俗呼:안포(眼胞)]
眉	눈썹	미	俗呼兩-呼毛曰-毛	눈썹 미. [俗呼;양미(兩眉)/ 탈; 미모(眉毛)].
睫	눈시울	첩	呼毛曰-毛	눈시울(속눈썹) 첩. 철은 첩모(睫毛)라 함.

形	訓	音	註	풀이
鬢	구밑	빙		귀밑털(살쩍) 빙.
頤	툭	이		턱 이.
頷	툭	함	亦作頜	턱 함. / 頜(함)으로도 적음
頦	툭	히	又頤下曰-	턱 해. / 턱 밑을 頦(해)라 함.
胳	쟈개얌	각	俗呼肐子凹	겨드랑이 각. [俗呼; 흘자요(肐子凹)]
腋	쟈개얌	익		겨드랑이 액.
肋	녑발치	륵	俗稱扇-骨	갈빗대 륵. [俗呼 ;선늑골(扇肋骨)]
脇	녑구레	협		옆구리 협.
肩	엇게	견	總稱俗呼-膀-甲	어깨 견. 어깨의 총칭(總稱). [俗呼; 견방(肩膀), 견갑(肩甲)]
臑	엇게	뇨	一云臂節一云臂骨	어깨 뇨. 一.비절(臂節), 비골(臂骨)
髃	엇게	우	一云肩頭或云肩骨	어깨 우. 一.견두(肩頭), 견골(肩骨)
胛	엇게	갑	肩後背曰	어깨 갑. 어깨 뒤편 등
拳	주머귀	권		주먹 권.
膈	손금	과	俗稱手紋	손금 과. [俗稱 ;수문(手紋)]
肐	풀	걸		팔 걸.
膊	풀독	박	俗呼肐-	팔뚝 박. [俗稱 ;걸박(肐膊)]

形	訓	音	註	풀이
口	입	구	脾之竅以司食	비(脾)의 구멍(門)으로서 먹기 주관.
舌	혀	셜	俗責人多言曰饒舌心之竅以司味	혀 설. [俗; 남을 꾸짖을 때 말이 많음을 요설(饒舌)이라 함] 염통의 門으로서 맛을 주관.
脣	입시울	슌	上-下-	입술 순. 윗입술 아랫입술
吻	입아괴	믄		입아귀 물.
牙	엄	아		어금니 아.
齒	니	치	俗呼牙-앒니曰板-	이 치. [俗呼; 아치(牙齒)] / 앞니=판치(板齒)라 함.
斷	닛믜임	은	牙根	잇몸 은. =아근(牙根)
腭	거훔	악		입천장 악.
肱	풀	굉		팔 굉.
臂	풀	비	俗稱-膊	팔 비. [俗稱 ;비박(臂膊)]
手	손	슈		손 수.
掌	숏바독	쟝		손바닥 장.
指	숏가락	지	手-足-	손가락 지. 발가락.
爪	숏돕	조	手-足-	손톱 조. 발톱.
肘	풀구브렁	듀	俗呼肱-	팔꿈치 주. [俗呼;흘주(肱肘)]
腕	손목	완	俗稱手-脚	[俗稱 ;수완각(手腕脚)]

形	訓	音	註	풀이
腓	허튀	비		종아리 비.
踦	허튀	긔		종아리 기.
腨	허튓비	쳔	俗呼足肚	장단지 천. [俗呼 ;족두(足肚)]
膁	허튓녑	렴	俗呼外-裏-通作膁	장단지 렴. [俗呼;외렴(外膁),이렴(裏膁)] 보통 '렴(膁)'으로 적음.
脛	허튓뼈	형	俗稱膁梁骨亦作踁	정강이뼈 경. [俗呼; 렴량골(膁梁骨)] '경(踁)'이로도 적음.
胻	허튓뼈	힝		정강이뼈 행.
骹	허튓뼈	교		정강이뼈 교.
骭	허튓뼈	한	一云骨也	정강이뼈 한. -협(骨).
喉	목쑤무	후	咽喉異路	목구멍 후. 인후(咽喉 숨구멍)와 다른 경로
嚨	목쑤무	룽	俗呼喉嚨通氣往来之道	목구멍 [俗呼; 후롱(喉嚨)] 기(氣)가 오가며 통하는 길목.
咽	목쑤무	연	吞物至胃之道又去聲嚥也又音噎憂甚氣窒曰哽咽	목구멍 연. 음식물을 삼켜 胃에 이르는 길. [去聲 연(嚥)]/.噎(일)音 / 상심이 甚해 氣가 막힘을 경인(哽咽)이라 함.
嗓	목쥴뒤	상	俗呼嗓子又氣-	목구멍 상. [俗呼; 상자(嗓子), 기상(氣嗓)]
耳	귀	싀	俗呼-垂귓밥腎之竅以司聽	귓불 이. [俗呼 ;이수(耳垂);귓밥]. 신(腎)의 門으로서 듣기 주관.
睡	귓구무	타	俗稱耳-通作朶又耳凹	귓구멍 타. [俗稱; 이타(耳睡)]. 보통 '타(朶) /'耳凹로 적음.
鼻	고	비	俗呼鼻子呼구무曰鼻凹肺之竅以司聞	코 비. [俗呼; 비자(鼻子)] 구멍을 비요(鼻凹)라 함. /폐(肺 허파)의 門으로서 내음(聞)을 주관.
準	곳모르	쥰	俗又稱-梁-脛又平-	콧마루 준. [俗又稱;준량(準梁), 준경(準脛), 평준(平準)]

形	訓	音	註	풀이
心	념통	심	又稱ᄆᅀᆞᆷ심-膓位南主夏火主藏神	염통 심. / [又稱 마음 심 / 심장은 南에 자리. 여름(夏)과 불(火), 장신(藏神)을 주관.]
肝	간	간	俗稱肝花位東主春木左三葉右四葉主藏血	간 간. [俗稱 간화(肝花)는 東에 자리 봄과 나무(春木)를 주관. 좌로 3잎과 우로 4잎이 달린 모양으로 장혈(藏血)을 주관].
脾	말하	비	又稱혀다기位中土受胃水穀之氣散五藏主藏魂	지라 비. [又稱 비장(脾臟);혀다기는 中에 자리, 土를 주관 胃의 수곡(水穀)을 받아 5장(臟) 해산(解散) 기능, 장혼(藏魂)을 주관
肺	부화	폐	六葉兩耳位西秋金為五藏華盖主藏魄	허파 폐. 6잎에 2귀. 西에 자리 가을과 금(秋金) 주관. 5臟을 華蓋(덮다)하며 장백(藏魄)을 주관
膓	애	댱	小腸受盛之府左廻大腸傳道之府右廻	애 장. 수성지부(受盛之府)인 소장(小腸)은 좌회(左廻) 전도지부(傳道之府)인 대장(大腸)은 우회(右回)
胃	양	위	俗呼肚子水穀之府	양 위. [俗呼; 肚子(두자), 水穀之府(수곡지부)]
膽	쓸게	담	清浄之府在肝之短葉間盛精汁三合	쓸개 담. 청정지부(清浄之府)로 간(肝)의 단엽(短葉)새에 있으며 정즙(精汁)을 3홉(合) 정도 담음.
腎	콩풋	신	位北主冬水主藏志有兩枚左為-右命門	콩팥 신. 北에 자리, 겨울과 물(冬水)을, 장지(藏志)주관. 둘이며 좌측은 현(腎), 우측은 명문(命門≒명치)
胸	가슴	흉		가슴 흉.
膛	가슴	당	俗稱胷膛	가슴 당. [俗稱; 흉당(胸膛)]
膺	가슴	웅		가슴 응.
臆	가슴	억	又腷臆意不泄也又臆度	가슴 억. / 픽억(腷臆; 의(意:원한,응어리)가 씻기지 않은 것, 억탁(臆度)이라고도 함.
軀	몸	구	身軀	신구(身軀)
膈	가슴	격		가슴 격.
嬭	젓	내	俗呼嬭子亦作奶	젖 내. [俗呼; 내자(嬭子)]. '내(奶)'로도 씀.
乳	젓	슈	俗稱乳哺젓머기다又去声育也	젖 유. [俗稱; 유포(乳哺):젖먹이다.] [去声; 기름(育)]

形	訓	音	註	풀이
毗	빗복	비	又輔也俗从田	배꼽 비. / 보(輔:도울)의 뜻. [俗:종전(从田)]:田을 좇음; (토지,장소 따위가) 인접하다. 잇닿다.
胦	빗복	앙		배꼽 앙.
脖	빗복	볼		배꼽 발.
臍	빗복	제		배꼽 제.
背	둥	빅	俗呼臍眼	등 배. [俗呼; 제안(臍眼)]
脊	둥무ᄅ	쳑	俗呼背子又-背	등마루 척. [俗呼; 배자(背子), 척배(脊背)]
腰	허리	요	俗呼脊梁	[俗呼;척량(脊梁:등성마루)]
膂	허리	려	俗呼腰兒	[俗呼;요아(腰兒)]
腿	쉰다리	퇴		넓적다리 퇴.
胯	다리	과	俗呼腿子又腿肚허튓비	[俗呼;퇴자(腿子), 퇴두(腿肚)]
髀	다리	비	又兩股間又音庫	/ 양고간(兩股間:양 다리 사이) / 고(庫)음
股	다리	고	又-骨亦作胜骻	/ 고골(股骨:정강이뼈)./ '고(胜,骻)'로도 적음.
尻	오미뇌	고		꽁무니 고.
脽	오미뇌	슈		꽁무니 수.
臀	밑	둔		밑(볼기) 둔.
肛	밑	항	-門一名廣腸	밑(항문:肛門) 항. -일명; 광장(廣腸)

形	訓	音	註	풀이
膝	무릎	슬		무릎 슬.
膕	무릎	국	俗呼曲膝	무릎 국. [俗呼; 곡슬(曲膝)]
胐	오곰	곡		오금 곡.
腏	오곰	츄	俗呼胐腏	오금 추. [俗呼; 곡추(曲腏)]
尿	오좀	뇨	俗稱小便	오줌 뇨. [俗呼; 소변(小便)]
脬	오좀째	포	俗呼尿脬或作胞	오줌보 포. [俗呼;뇨포(尿脬)]. 더러 '포(胞)'로 적음.
膀	오좀째	방	又兩脇亦曰兩膀又肩膀엇게	오줌보 방. /량협(兩脇), 양방(兩膀)으로 불림 / 견방(肩膀):어깨
胱	오좀째	광	膀胱水府盛尿九升九合	오줌보 광. 방광(膀胱)은 수부(水府:물을 주관하는 관부)로 오줌 9되 9홉을 담음.
髮	터럭	발	俗稱頭髮血餘為髮屬火	[俗稱 두발(頭髮), 피가 남아 털이 되고 화(火)에 속함].
鬚	입거웃	슈	在頤	수염 수.
髭	거웃	즈	在脣	콧수염 자.
髥	거웃	염	在頰髭鬚屬腎女與閹人無腎故無髭鬚	턱수염 염. 자염(髭鬚 수염) 腎에 屬하여 여인과 고자는 없다. 腎이 사고(事故) 나도 수염이 없다.
肚	빗	두	即胃也	배 두. =위(胃);밥통
腹	빗	복		배 복.
腔	구레	강		구레나루 강.
胿	구레	광		구레나루 광.

形	訓	音	註	풀이
呼	숨내쉴	호	又喚也	/ 환(喚:뱉기)
吸	숨드리쉴	흡	又歃也	/ 삽(歃:마시기)
脉	믹	믹	俗稱脉息左右手各有寸關尺三部診九候脉	맥박 맥. [俗稱 맥식(脈息)은 좌우의 손목에 촌관척(寸關尺) 3부가 있어 구후(九侯)의 맥(脈)을 짚는다.
息	숨	식	又生也止也又信息聲息 긔별	/ 나왔다가 그쳤다가의 뜻 / 신식(信息)의 식(息)은 기별(소식:消息)이란 뜻.
肌	솔	긔		살 기.
膚	솔	부		살갗 부.
腠	솔씀	주		살결 주.
膜	기름갓	막		꺼풀(얇은 막) 막.
髑	머릿되골	독		머리뼈 독.
髏	머릿되골	루	醫方云天靈盖俗稱髑髏首骨	머리뼈 루. /《醫方》:천영(天靈). [俗稱 촉루(髑髏), 수골(首骨)]
腦	골치	노	俗稱頭腦呼 곡뒤日後腦	골치 노. [俗稱 두뇌(頭腦) / 골뒤=후뇌(後腦)]
髓	골치	슈	骨中脂	골수(骨髓) 수. 골중지(骨中脂)
骸	뼈	히		뼈(白骨) 해.
骨	뼈	골		뼈 골.
骴	뼈	즈		(삭은)뼈 자.
骼	뼈	각	枯者曰骴-	(마른) 뼈 각. 마른 것; 자각(骴骼)..

形	訓	音	註	풀이
跟	뒤측	근		발꿈치(발뒤꿈치) 근
踵	뒤측	종		뒤꿈치 종.
跗	밧등	부	俗稱脚面脚背	발등 부. [俗稱 각면(脚面), 각배(脚背)]
踝	귀머리	과	俗呼內踝外踝	복사뼈 과. [俗呼 ; 내과(內踝:발 안쪽 복사뼈)/ 외과 (外踝:바깥쪽 복사뼈)]
拇	엄지가락	모		엄지가락(손,발) 모.
趾	발	지		발(가락) 지.
足	발	족		발 족.
脚	발	각	俗稱脚子又脚板밧바당 又脚心	다리 각. [俗稱 각자(脚子) /각판(脚板):발바닥/ 각심 (脚心)]
躬	몸	궁		몸 궁.
影	그르메	영	俗呼影兒又眞影曰喜身 又曰傳神	그림자 영. [俗呼; 영아(影兒), 진영(眞影), 희신(喜身), 전신(傳神)]
音	소릐	음		소리 음.
聲	소릐	셩		소리 성.
性	셩	셩	禀乎天理莫非至善為-	성 성. 천리(天理)를 타고나서 지선(至善)이 아닌 것이 없음을 '성(性)'이라 함.
情	뜯	졍	感物而動分乎善惡為-	뜻 정. 물(物)에 감응해서 동(動)하면 선오(善惡)가 갈 리는 것을 '정(情)'이라 함.
志	뜯	지	心之所之趨向期必能於 持久曰-	뜻 지. 원가를 향하여 기필코 이루겠다는 생각을 오래 두는 것을 지(志)라 함.
意	뜯	의	心之所發思惟念慮欲有 所為曰意	뜻 의. 생각이 사유(思惟)와 염려(念慮)를 내어 뭔가 하 고자 하는 것이 있는 것을 의(意)라 함.

形	訓	音	註	풀이
哭	울	곡	大聲曰哭俗稱啼哭	큰소리로 우는 것; 곡(哭). [俗稱 ;제곡(啼哭)]
泣	울	읍	小聲有涕曰泣	조그만 소리로 울며 눈물 흘리는 것; 읍(泣)
笑	우슴	쇼	俗稱笑話	웃음 소. [俗稱 ;소화(笑話)]
哂	우슬	신	微哂也	웃을 신. 미소(微笑)
嗫	피기	얼	俗稱打嗫	침 뱉을 얼. [俗稱 타얼(唾嗫)]
噫	트림	애	俗稱打噫哱	[俗稱 타희불(打噫哱)]
噴	즈치욤	분	又嚊也吐也俗稱氣不-애두다	재채기 분. / 선토(嚊土:뿜고 토함) [俗稱 ;기부분(氣不噴)]
嚔	즈치욤	톄	俗稱打-哱	재채기 체. [俗稱 타체불(打嚔哱)]
鬍	거츨	호	俗呼-子입거웃거츤놈	수염이 거친 사람. [俗]호자(鬍子)
禿	밀	독	俗呼-厮머리믠놈	민머리 독. [俗呼 ;독시(禿厮)] : 민머리 놈
胖	술질	팡	俗呼-漢子술진놈	살질 팡. [俗呼 ; 팡한자(胖漢子)]: 살진 놈
臞	여월	구	俗呼瘦子여윈놈	[俗呼 ;수자(瘦子)] 여윈 놈
眵	눈곱	두	俗稱眼脂兒	눈꼽 두. [俗稱 안지아(眼脂兒)]
眵	눈곱	치	俗稱眼眵-	눈꼽 치. [俗稱 안두치(眼眵眵)]
齈	콧물	농	俗稱-帶	[俗稱 농대(齈帶)]
涕	곳믈	톄	俗稱鼻涕肺液	콧물 체. [俗稱 비체폐액(鼻涕肺液): 콧물은 허파 의 진액].

形	訓	音	註	풀이
沫	거품	말	口中涎沫	거품 말. 입속의 정말(涎沫)
淚	눈을	류	肝液也	눈물 류. 간액(肝液:간의 진액)
唾	춤	타	俗呼唾沫腎液亦作唾	침 타. [俗呼; 타말(唾沫)은 신장(腎臟)의 진액] /'타(唾)'로도 적음.
涎	춤	연	脾液也	침 연. 비장(脾臟)의 진액(津液).
膿	골을	농	俗稱膿水고롬	곪을 농. [俗稱 농수(膿水:고름)]
血	피	혈		
液	진	익	身有五液涕淚唾涎汗	진액(津液) 액. / 신체 5액(液); 체(涕콧물), 루(淚눈물), 타(唾침), 연(涎침), 한(汗:땀).
汗	씀	한	心液也	땀 한. 심장(心腸)의 진액(津液)
齙	니버들	포	俗呼-牙的	이뻘을 포. [俗呼 ;포아적(齙牙的)]
瞎	눈멀	할		
矬	킈쟐글	좌	俗呼矬漢킈:쟈근놈	키작을 좌. [俗呼; 좌한(矬漢)] : 키 작은 놈.
矮	킈쟈글	애	俗呼矮子	키작을 왜.[俗呼; 왜자(矮子:난쟁이)]
齇	쥬복고	차	鼻生疱俗稱糟鼻子	코물집(여드름) 포. 코에 난 물집(疱). [俗稱 ;조비자(糟鼻子)]
皰	쥬복	포	面生疱	물집(여드름) 포. 얼굴에 난 물집.
齆	고머글	옹	俗呼-子又狼鼻子	코막힐 옹. [俗呼 ;옹자(齆子), 낭비자(狼鼻子)]
鼾	고코을	한	俗稱打-睡	코골 한. [俗秤 ;타한수(打鼾睡)]

形	訓	音	註	풀이
溲	오좀	수	又上聲水調粉麵	오줌 수. /[上聲:수조분면(水調粉麵:물에 조리한 국수)]
便	오좀	편	俗稱小便又安也又去聲宜也即也	오줌 편. [俗稱 ;소변(小便)] / 안(安:편안할)의 뜻. [去聲: 의(宜:마땅할), 즉(卽:곧)의 뜻.]
屎	똥	시	俗稱屎-똥누다通作矢	똥 시. [俗稱 ;아시(屎矢); 똥 누다]. 보통 '시(矢)'로 적음.
糞	똥	분	又掃除之也	똥 분. / 소제(掃除 똥을 치우는 것).
屄	구무	비	俗稱女人陰曰-屄	구멍 비. [俗稱 女人의 陰; 비주(屄屄)]
屪	구무	쥬	俗稱屁眼	구멍 주. [俗稱 비안(屁眼)]
屁	밋구무	피	俗稱放糞亦作屍通作-	밑구멍 피. [俗稱 ;방비(放糞)] 또는 '피(屍)'로 적음. / 보통 '屁(비)'로 적음.
糞	방귀	비		
眠	조오롬	면		졸음 면.
睡	잘	슈		잘 수.
夢	움	몽		꿈 몽.
覺	씰	교	又入聲知也	깰 교. / [入聲 지(知:알)의 뜻]
欠	하외욤	흠	俗稱呵欠又缺少也	하품 흠. [俗稱 ;가흠(呵欠), 결소(缺少)]
伸	기지게	신	俗稱舒腕又舒也屈伸	기지개 신. [俗稱 서완(舒腕 팔뚝을 펴)]/ 서(舒:펴다), 굴신(屈伸 굽히고 펼).
寤	씰	오		깰(깨우칠) 오.
寐	잘	미		잠잘 매.

形	訓	音	註	풀이
			천 륜(天 倫)	
祖	하나비	조	俗稱-公又呼爺爺	한아비(할아비) 조. [俗稱 조공(祖公), 야야(爺爺)]
父	아비	부	俗稱老子又稱-親	[俗稱 노자(老子), 부친(父親)]
爹	아비	다	俗又呼--又賤人呼貴人曰老-	[俗又呼; 다다(爹爹)] / 아랫사람이 귀인(貴人)을 부를 때; 노다(老爹).
爺	아비	야	通作耶	보통 '야(耶)'로 적음.
媽	할미	마	庶人老自呼其妻曰--或稱尊老曰-	일반 어르신이 그 아내를 부를 때; 마마(媽媽) / 더러 어르신을 높여 부를 때 ; 마(媽)라 부름.
婆	할미	파	尊之曰-又祖母曰-曾祖母曰--又賤罵之曰-娘	존칭(尊稱); 파(婆)/ 조모(祖母할머니); 파(婆) / 증조할머니; 파파(婆婆) / 업신여겨 욕할 때; 파랑(婆娘: 노파)
考	아비	고	歿曰-又壽也成也察也	죽은 아비를 '고(考)'라 이름./ 壽(목숨), 成(이룸),察(살필)의 뜻.
妣	어미	비	歿曰-	죽은 어미를 '비(妣)'라 이름.
母	어미	모	俗稱-親又曰孃	[俗稱 모친(母親)] 또는 양(孃)이라 함.
孃	어미	냥	尊稱曰--	어미 양. [존칭(尊稱] -'양양(孃孃)'이라 이름.
妻	겨집	쳐	俗呼大娘子正娘子後-曰塡房	아내 처. [俗呼; 대낭자(大娘子) 정낭자(正娘子)] 후처(後妻)를 전방(塡房)이라 부름.
妾	고마	첩	俗稱小娘子	첩 첩. [俗稱 ;소낭자(小娘子)]
妯	겨집동세	툭	兄弟之妻相謂曰-娌又曰娣姒	여자동서(同壻) 축. 형제의 아내를 서로 부를 때 축리(妯娌)라 함. / 제사(娣姒)라 함.
娌	겨집동세	리	俗語妯-	여자동서 리. [俗語;축리(妯娌)]
娣	겨집동세	뎨	又女弟又妻之妹從妻来為妾者也	여자동서 제. / 여동생 / 아내의 여동생./ 나중에 시집 오는 이가 첩(妾)이다.
姒	겨집동세	亽		여자동서 사.

形	訓	音	註	풀이
男	아ᄃ	남	-女之對又兒息曰-	아들 자. 남녀(男女)를 대비(對比). 어린 자식을 남(男)이라 함.
女	겨집	녀	俗呼-兒處-曰閨-室-	여자 여. [俗呼;여아(女兒:여자아이)] 미혼여성을 규녀(閨女), 실녀(室女)라 부름.
夫	샤옹	부	妻呼丈-曰漢子	지아비(사내) 부. 아내가 장부(丈夫:남편)를 부를 때 한자(漢子)라 함.
婦	며느리	부	又呼子之妻曰媳-又泛稱-女	/아들의 아내를 부를 때 ;식부(息婦). ; 부녀(婦女)의 [범칭(泛稱)]
嫡	뎍실	뎍		정실 적. 적실(嫡室:본처)
蘖	셔얼	얼		서얼 얼.
眷	권속	권	稱人之妻曰貴-	권속 권. 다른 사람의 아내를 부를 때; 귀권(貴眷).
族	아ᅀᆞᆷ	족	又類也	아재비(아저씨) 족. / 류(類;무리; 일족)의 뜻.
妗	아ᄌᆞ미	금	母之兄弟之妻曰-母-子兒母又兩壻相謂曰連-	아주머니(아줌마) 금. 모친 형제의 아내를 부를 때 ; 금모(妗母), 금자(妗子), 아모.(兒母). / 동서(同壻)들끼리 부를 때; 연금(連妗).
嫂	아ᄌᆞ미	수	兄之妻曰-子大-小-	아주머니 수. 형의 아내(형수:兄嫂)를 수자(嫂子), 대수(大嫂), 소수(小嫂)라 함.
嬸	아ᄌᆞ미	심	叔之妻曰-娘又-子又--	아주머니 심. 아재비의 아내를 부를 때 심랑(嬸娘), 심자(嬸子), 심심(嬸嬸)이라 함.
娘	겨집	냥	汎稱又伯父之妻曰伯娘又伯母	여자 낭. 여자의 [범칭(泛稱)] / 큰아버지의 아내를 백랑(伯娘), 백모(伯母)라 이름.
舅	아자비	구	母之兄弟曰舅舅夫之父曰舅又妻之父曰舅	아재비 구. 엄마의 형제를 구구(舅舅)라 이름. 남편의 아버지를 구(舅), 아내의 아버지를 구(舅)라 부름.
姑	아ᄌᆞ미	고	父之姊妹曰姑-娘又夫之母曰-國語할미고	아주머니 고. 아버지의 누이와 여동생을 고(姑:고모), 고랑(姑娘)이라 이름. / 아비의 어머니를 고(姑)라 이름. [우리말: 할미 고].
伯	몬아자비	빅	俗呼-父又云--又弟之妻呼夫之兄曰小-	맏아재비 백. [俗呼; 백부(伯父),백백(伯伯)] / 또 아우의 아내를 호칭./ 남편의 형을 소백(小伯)이라 부름.
叔	아ᅀᆞ아자비	숙	俗呼-父又稱--又兄之妻呼夫之弟曰小-	아우아재비 숙. [俗呼 ;숙부(叔父),숙숙(叔叔)]./ 또 형의 아내를 호칭./ 남편의 아우; 소숙(小叔).

形	訓	音	註	풀이
兄	묻	형	俗拜呼-弟曰弟-	맏 형. [俗] 배례(拜禮)하면서 형제를 부를 때 제형(弟兄)이라 이름.
哥	묻	가	俗呼--大-二-	맏 가. [俗]가가(哥哥) 대가(大哥) 이가(二哥)
昆	묻	곤	兄也又後也	맏 곤. 형(兄) / 후세(後世)의 뜻.
弟	아ᅀ	뎨	俗呼兄弟	아우 제. [俗] 형제(兄弟)
姨	아ᄌ미	이	母之姊妹俗呼兩姨夫呼妻之姊妹亦曰姨	아주머니 이. 엄마의 여자형제. [俗呼:양이부(兩姨夫)]. 아내의 여자형제도 이(姨)라 부름.
姐	몯누의	져	俗呼--夫曰姐-	맏누이 저. [俗呼:윗누이 남편; 저부(姐夫)].
姉	몯누의	즈		맏누이 자.
妹	아ᅀ누의	미	俗呼妹子夫曰妹夫	아우누이(여동생) 매. [俗呼: 여동생 남편; 매부(妹夫)].
兒	아히	ᅀ	俗呼兒子	아이 아. [俗呼: 아자(兒子)]
童	아히	동	又山無草木曰童	아이 동. / 산에 초목이 없음을 동(童민둥산)이라 이름.
囝	아들	견	閩人呼子	아들 견. 민(閩)나라 사람이 아들을 부를 때.
子	아들	ᄌ	俗呼兒子父母呼曰我兒	아들 자. [俗呼:아자(兒子)]. 부모가 아이를 아아(我兒)라 부름.
姪	아ᄎ아돌	딜	同姓俗呼姪兒	아차아들 질. =조카(足下). 동성(同姓)임. [俗呼:질아(姪兒)]
孫	손ᄌ	손		손자 손. =子+系(아들이 이은 자)
甥	아ᄎ아돌	싱	又壻曰-又女之子曰外-	조카 생. / 사위를 생(甥딸의 남편) / 딸의 아들을 외생(外甥)이라 부름.
壻	사회	셔	又妻謂夫亦曰壻	사위 서. /아내가 남편을 부를 때; '서(壻)'.

形	訓	音	註	풀이
嬰	아히	영	男曰孩女曰嬰亦作嬰	아이 영. 남자아이를 해(孩) 여자아이를 영(嬰)이라 이름. '嬰'으로 적음.
孩	아히	히	俗呼兒孩兒ㅅ나히女孩兒간나히	아이 해. [俗呼:아해(兒孩)] 兒(남자 어린이); 사내아이. / 여자 어린이; 간난이.
齠	니골	툐	俗稱退齒	이갈 초. [俗稱;퇴치(退齒:이 물림)]
齔	니골	친		이갈 친.
幼	져믈	유		젖믈(어릴) 유.
冲	져믈	튱		젖믈 충.
孺	져믈	슈		젖먹일 유.
稚	져믈	티	亦作稺	젖믈(어릴) 치.
姓	셩	셩		성씨 성.
氏	각시	시		각시 시.
名	일훔	명	俗稱名字	이름 명. [俗稱;명자(名字)]
號	일훔	호	又號令又召也又平聲號泣又大呼也	이름 호. / 호령(號令) / 소(召:부름)의 뜻. [平聲 호읍(號泣:목놓아 욺) / 대호(大呼:큰소리로 부름)]
親	아숨	친	父母亦曰-又婚姻家相謂-家去聲	친할 친. 어버이를 친(親)이라 함. / 혼인(婚姻)한 부부가 본 집을 서로 친가(親家)라 부름. [去聲].
戚	아숨	쳑	俗呼親-	친척(親戚) 척.
宗	ᄆ ᄅ	종	大-小-祖-	마루(으뜸) 종. 대종(大宗), 소종(小宗), 조종(祖宗) 등
系	끈	계	宗派也	끈 계. 종파(宗派)

形	訓	音	註	풀이
奴	남진종	노	俗呼-材又驅男驅女又總稱驅-	남자종 노. [俗呼 ;노재(奴材), 구남(驅男), 구녀(驅女)] / [총칭(總稱); 구노(驅奴)].
婢	겨집종	비	尊人之-曰女使又曰梅香.汎稱曰妮子妮音尼	여자종 비. 지위 높은 이의 계집종을 여사(女使), 매향(梅香)이라 이름. [범칭(汎稱);니자(妮子)] 妮의 音은 니(尼).
僮	죵	동		종 종.
僕	죵	복	-從傔-	종 복. 복종(僕從), 겸복(傔僕)
姆	젓어미	모	女師又伯父之妻亦曰-	젖어미 모. 여사(女師). / 큰아버지 아내를 모(姆)라 이름.
嫗	할미	구	汎稱老-	[범칭(汎稱);노구(老嫗)]
姥	할미	모	汎稱老女	[범칭(汎稱);노녀(老女)]
媼	할미	오	汎稱老女	[범칭(汎稱);노녀(老女)]
鰥	호을아비	환		홀아비 환.
寡	호을어미	과	老而無夫曰寡又人君自謙曰寡人又鮮少也	홀어미 과. 나이 들어 남편이 없는 이를 과(寡)라 이름. / 임금이 자신을 낮추어 과인(寡人)이라 함. /선소(鮮少:매우 적음)의 뜻.
嫠	호을어미	리	汎稱	홀어미 리. [범칭(汎稱)]
孀	호을어미	상		홀어미 상.
翁	하나비	옹	汎稱老者	한아비(할아비) 옹. [범칭(汎稱):노자(老者:노인장)]
叟	하나비	수	汎稱	할아비 수. [범칭(汎稱)]
耆	늘글	기	年六十曰耆又汎稱	늙을 기. 나이 60살을 기(耆)라 이르며 두루 불림.
老	늘글	로	年七十曰老又汎稱	늙을 로. 나이 70살을 노(老)라 이르며 두루 불림.

形	訓	音	註	풀이
婚	사돈	혼	婦家又婦之父曰-以婦陰也娶以昏故曰-	아내의 가족 아내의 아버지를 일러 혼(婚:사돈), 며느리(아내)는 음(陰)이요, 해 저물어 아내를 맞이하는 까닭에 혼(婚)이라 함.
姻	사돈	인	壻家父曰-以婦因人而成故曰-	사위의 아버지를 일러 인(姻:사돈), 며느리(아내)가 말미암은 사람으로 이루어진 까닭에 인(姻)이라 함.
嫁	얼일	가	女曰-	어를(시집갈) 가. 여자가 시집감을 이름.
娶	어를	취	男曰-	어를 취. 남자가 아내를 맞음을 이름.
精	솝	졍	又眞液兩神相薄謂之精神者精氣之化精者神氣之本	즙 정. / 진액(眞液). 양신상박(兩神相薄)함을 일러 정신(精神). 정기지화(精氣之化)의 정(精)이란 신기(神氣)의 근본이다.
氣	긔운	씌	又憤不泄曰-了애두다 又-不念了念或作分	기운 기. / 분(憤)이 풀리지 않음을 기료(氣了:애달다)라 이름. / 기(氣)가 풀리지 않음을 분료(忿了)라 함. / 더러 '分'으로 적음.
孕	빌	잉	俗稱重身	애밸 잉. [俗稱 중신(重身:두 몸)]
毓	도일	육		기를 육.
姙	빌	심	俗稱懷胎	애밸 임. [俗稱 회태(懷胎)]
娠	빌	신	俗稱懷妊	애밸 신. [俗稱 회탐(懷妊)]
娩	나홀	면	俗稱娩臥	애나을 면. [俗稱 만와(娩臥)]
産	나홀	산	俗又稱半産아기디다	낳을 산. [俗稱 반산(半産)];아기디다.
孿	골오기	산	雙生子	쌍둥이 산. 쌍생아(雙生兒).
穀	졋머길	뉴	楚人謂乳曰-	젖먹일 누. 楚나라 사람이 젖 먹임을 이름.
鞠	칠	국		칠(기를) 국.
育	칠	육	楚人謂乳曰-	칠(기를) 육. 사육(飼育:먹여 기름)

形	訓	音	註	풀이

儒 學 (유 학)

形	訓	音	註	풀이
庠	혹당	샹	商學名	학당 상. 상학명(商學名): 상나라 국학명칭.
序	혹당	셔	周學名又次序	학당 서. 주학명(周學名): 주나라 국학명칭. / 차서(次序:차례, 순서)
校	혹당	교	夏學名今稱國子監鄕學 曰洋官汎稱學堂又校尉	학당 교. 하학명(夏學名): 하나라 국학명칭. 지금의 국자감(國子監). 향학(鄕學)을 양관(洋館). [범칭 (汎稱); 학당(學堂)] / 교위(校尉)
塾	혹당	슉	門側之堂	학당 숙. 대문 곁에 딸린 학당.
師	스승	스	又兵-又衆也	스승 사. / 병사(兵師)=군대(軍隊) / 중(衆:많은 사람)의 뜻
傅	스승	부	俗呼師-又麗著也	[俗呼 ;사부(師傅), 려저(麗著)]
生	날	싱	-死之對又産也又學-儒 -又語助又甚也	날 생. 생(生)은 死의 반대(反對). / 산(産:낳을)의 뜻./ 학생(學生), 유생(儒生) / 어조사(語助辭) / 심(甚:거칠, 날것)의 뜻.
徒	물	도	衆也但也步行也又生-- 弟뎨즌	무리 도. 중(衆:많은 사람)의 뜻 / 단(但:다만). 보행(步 行:걸어갈)의 뜻 / 생도(生徒), 도제(徒弟): 제자
詩	글월	시	毛-俗稱-經-句	《毛詩(시전)》.[俗稱 《詩經(시경)》]. 시귀(詩句)
書	글월	셔	尙-俗稱-經又寫字亦曰 -字	글월 서. 《상서(尙書)》. [俗稱 《書經(서경)》] / 사자(寫字:글씨를 베껴 씀) =서자(書字).
易	밧쓸	역	交-又書名俗稱-經又去 聲輕-	바꿀 역. 교역(交易)./ 서명(書名) [俗稱 :《역경(易 經)》] [去聲: 경이(輕易: 가볍고 쉬움)
禮	례수	례	又절례書名-記周-儀-	공수(拱手) 례./ 절 례/ 서명(書名):《예기(禮記)》,《주 례(周禮)》, 《의례(儀禮)》
科	무들기	과	又科程又科擧又科條又 坎也	무더기 과. / 과정(科程) / 과거(科擧) / 과조(科條) / 감(坎:구덩이)의 뜻.
第	추례	뎨	又及-科-又但也	차례 제. / 급제(及第). 과제(科第). /단(但:단지)의 뜻.
儁	놀날	쥰	通作俊	날랠 준. 보통 '俊(준)'으로 씀.
儒	션븨	슈	守道攻學曰-俗稱秀슈	선비 유. 도(道)를 지켜 학문을 닦음을 이름. [俗稱, 수(秀;유;슈)]

形	訓	音	註	풀이
章	글월	쟝	成文曰-	글월 장. 완성된 글을 장(章)이라 부름.
句	긋긋	구	文絶處曰-	글귀 구. 문장이 끝난 곳을 구(句:글귀)라 이름.
文	글월	문	一字爲-又銅錢一箇爲 一-又華也法也	1字가 文이다. / 동전(銅錢) 1개(箇)가 1文이다./ 화(華 화려할), 법(法)의 뜻.
字	글월	즈	又乳也愛也	글월 자. / 유(乳:젖먹이다), 애(愛:아끼다)의 뜻.
典	글월	뎐	經--章又質也	글월 전. 경전(經典),전장(典章) / 질(質수수할)의 뜻.
籍	글월	젹	又俗稱本貫曰原-	글월 적. / [俗稱 본관(本貫); 원적(原籍)]
經	글월	경	五-又-過	5경(經) / 경과(經過:지나감)
史	스긋	스	-記	사기(事記) 사. 역사기록.
冊	칙	칙		책 책.
篇	글월	편	簡成章也	글월 편. 글이 완성된 장(章)의 뜻.
卷	권	권		권수(두루마리) 권.
帙	칙읫	딜	又編次曰-	책권(단위) 질. / 편차(編次)를 이름.
筆	붇	필	俗稱筆子	붓 필. [俗稱 필자(筆子)]
墨	먹	묵	俗稱黑子	[俗稱 흑재(黑子)]
硯	벼로	연		벼루 연.
紙	죠히	지		종이 지.

形	訓	音	註	풀이
			書式 (서식)	
表	밧	표	又下言於上曰-天子曰-	겉 표. / 아랫사람이 위에 올리는 말; 표(表). / 천자(天子) ; 표(表)라 이름.
箋	글월	전	又죠희전太子及諸王曰-	글월 전. / 종이 전. /태자(太子) 및 제왕(諸王)을 전(箋)이라 함.
命	목숨	명	又天令又大曰-小曰令 又召也	/ 천자(天子)의 명령 ; 큰 것을 명(命), 적은 것을 령(令)이라 함. / 소(召부름)
諭	알윌	유	宣-皇帝親-	아뢸 유. 선유(宣諭:황제의 가르침을 백성에게 널리 알림) /황제(皇帝)가 몸소 내리는 가르침.
詔	죠셧	죠	上命通諭天下曰-	조서 조. / 임금의 명(命)과 백성에게 두루 알리는 가르침(諭)을 천하에서는 조(詔)라 이름.
勅	틱셔	틱	天子之言戒諭其臣曰-	칙서 칙. / 천자의 말로 그 신하들을 계유(戒喩: 경계하고 깨우침)함을 일러 칙(勅)이라 함.
誥	알윌	고	五品以上告身曰誥命又告曉也	아뢸 고 / 5품이상 고신(告身=관직)에게 알림을 고명(告命), 고효(告曉)라 함.
旨	뜯	지	俗稱聖-又稱制又-意又美味	뜻 지. [俗稱 성지(聖旨), 칭제(稱制), 지의(旨意), 양미(美味)]
榜	밨	방	大曰-小曰告示又板-	방문(榜文) 방. 공고문(公告文): 큰 것을 방(榜), 적은 것을 고시(告示). / 판방(板榜)
令	긔걸홀	령	號-又官長又平聲使也	괴걸을 령. / 호령(號令:지휘명령)./ 장관(長官:각부의 우두머리)./ [平聲: 새(使)의 뜻]
法	법	법	俗稱-條	[俗稱: 법조(法條:조문)]
例	례ㅅ	례	俗稱條例舊例前例	규칙(본보기) 례. [俗稱: 조례(條例),구례(舊例),전례(前例)]
符	보람	부	符契符信又合也驗也	부계(符契) 부신(符信). / 합(合:맞음) 험(驗:효과)의 뜻.
契	글월	계	俗稱文契又音乞契丹國名	[俗稱: 문계(文契)] / 글(乞)音; 글단(契丹)의 국명(國名)
印	인	인	汎稱印信	도장 인. [범칭(汎稱); 인신(印信)]
璽	인	ᄉ	王者印曰-	옥새 새. 임금의 인장을 이름.

形	訓	音	註	풀이
簡	글월	간	牒也大曰策小曰簡又與揀同	첩(牒기록)으로 큰 것을 책(策) 작은 것을 간(簡). 간(揀)과 한가지
帖	브틸	텹	用帛寫票目又券帖又俗稱藁帖데깁	부칠 첩. 비단에다 탁본을 뜸. / 권첩(券帖). / [俗稱 표첩(藁帖): 제김(원서에 제사(題辭)를 적은 문건)
案	글월	안	文案又書案서안又机案도마	문안(文案글의 초안) 서안(書案서안). 궤안(机案도마)
牘	글월	독	又書版又樂器	/ 서판(書板) 악기(樂器)
疏	글월	소	條陳上書本平聲踈字	조목조목 진술하며 올린 글. 본디 平聲으로 '踈字.
箚	글월	잡	奏事書名又-付文移之名	공사(公事)를 아뢰는 글의 이름. 차부(箚付)는 공문서명.
奏	엳ᄌᆞ올	주	皇帝前奏事	여쭐 주. 황제 앞에서 공사(公事)를 아룀.
啓	엳톨	계	太子前啓事	여쭐 계. 태자 앞에서 공사(公事)를 아룀.
狀	얼굴	장	又文狀俗稱狀子소지又曰告狀	얼굴 상. 문상(文狀무늬와 용모).[俗稱]상자(狀子;소지). / 고장(告狀; 소장(訴狀)
呈	바틸	뎡	又文帖之名俗有呈文呈문文之名	바칠 정. 문첩(門帖)의 이름. [俗; 자정(呈呈)은 정문(呈文:하급 관청)에서 상신(上申)하는 공문서 ;진정서 탄원서 등)의 이름
牌	글월	패	又牌牓방又旁牌團牌挨牌皆謂방패	/ 패방(牌牓) : 방. / 방패(旁牌), 단패(團牌), 애패(挨牌)를 모두 '방패'라 이름.
引	혈	인	又文帖之名俗稱路引盐引	문첩(文帖)의 명칭. [俗稱 로인(路引),염인(盐引)] -인(引):일의 시작과 끝을 서술하며 앞뒤 차례를 두고 그 뜻을 끌어내는 글.
簿	글월	부	俗稱文簿又鹵簿車駕法從次第	[俗稱 문부(文簿 문서와 장부) / 노부(鹵簿 ;임금이 거둥할 때 의장(儀裝)할 때 거마(車馬)는 차례(次第)를 따름.
牒	글월	텹	俗稱文牒	글월 첩. [俗稱 문첩(文牒): 서찰 문서]
藁	글초	고	俗稱藁本又看藁又秆也亦作藳	초고(草稿) 고. [俗稱; 고본(藁本), 간고(看藁)] 간(秆;볏짚)의 뜻. '고(藳)'로도 적음.
批	글월	피	俗呼差-又上司以公事題于下司文尾曰-	글월 비.[俗呼; 차비(差批)] / 상사(上司)가 공사(公事)를 가지고 하사(下司)의 공문서(公文書) 꼬리에 단 말을 비(批)라 이름.

訓蒙字會上　終

4-2. 訓蒙字會 中　　[인문(人爲)]

形	訓	音	註	풀이
	人類(인류)			
皇	님굼	황		임금 황.
帝	님굼	뎨		임금 제.
君	님굼	쭌		임금 군.
主	님	쥬		님 주.
后	듕궁	후	又汎稱君王曰-	중궁 후. / [汎稱 君王(군왕)을 '후(后)'라 함]
妃	듕궁	비	嬪御次於皇后者亦曰-	중궁 후. 빈어(嬪御;후궁제도)의 황제의 다음 순위. 황후 후(后) 또한 비(妃;왕비)라 이름.
嬪	빘	빈	女官次於妃又며느리빙太子及王妃皆曰-	후비 빈. 여관(女官;신분 높은 궁녀)로 왕비의 다음 순위. // 며느리. 태자비(太子妃) 및 왕비(王妃)를 모두 빈(嬪)이라 함.
嬙	시녓	쟝	女官名	시녀 장. 궁중(宮中)에서, 임금, 왕비, 왕세자를 가까이 모시는 신분 높은 여자의 관명(官名)
儲	여툴	뎌	又ᄆ딜뎌貯偫也又副也	여툴(아껴서 나머지를 모아두다)저. / 마딜 저. 저치(儲偫;마련해놓다). / 부(副;버금,다음)의 뜻.
副	버글	부	儲-謂太子也	버금. 저부(儲副)는 태자(太子)를 이름.
世	누리	셰	當時爲-又父子相繼爲-又一代爲-又三十年爲-	누리 세. 당시(當時;그 때)를 세(世)라 함. / 부자(父子)승계(承繼)를 세(世)라 함. 1대(代)=世라 함. / 30년을 1세대(世)라 함.
代	ᄀᆞᆯ출	딕	又世代年代	갈아치울 대. / 세대(世代), 연대(年代)
邦	나라	방		나라 방.
國	나라	국	大曰-小曰邦	큰 나라; 국(國). 작은 나라; 방(邦)이라 이름.
辟	님굼	벽	又法也	임금. / 法의 뜻.
王	님굼	왕	三代天子稱王自秦以後列國稱-又去聲-天下	임금 왕. 하은주(夏殷周) 3대 천자(天子)를 왕(王)이라 칭함. 秦나라부터 이후 열국(列國)이 왕(王)이라 칭함. [去聲;왕천하(王天下:천하를 다스림)]

形	訓	音	註	풀이
公	구의	공	又臣職爵首又無私也共也又官所曰-	공무(公務) 공. / 신하 분 으뜸버슬을 / 무사(無私:사사로움이 없음). ;공(共:공동(共同)). 관공서
侯	님굼	후	次於公	공(公)의 다음 가는 순위
宰	지샹	지	周官家-又制也	재상 재. [周官(주나라관제):가재(家宰:가국(家國)의 재상). / 제(制:마름질)의 뜻.
相	지샹	샹	本平聲서르샹	재상 상. 본디 [平聲:서르 상]
將	쟝슈	:쟝	又平聲쟝ᄎ쟝	장수 장. /[平聲:쟝차 장]
帥	쟝슛	슈	又音率領也	장수 수. / 솔(率)音; 령(領:거느릴)의 뜻.
駙	부맛	부	尙公主者拜-馬	부마 부. 공주(公主)와 결혼한 者. 부마(駙馬) 버슬.
卿	버슬	경	六卿六部堂上官	버슬 경. 6경(六卿) 6부(六部)의 당상관(堂上官:정3품 이상)
臣	신핫	신	又列國-曰陪-	신하 신. 열국의 신하들을 배신(陪臣=가신(家臣)이라 이름.
僚	동관	료	同官爲-	동관(同官:함께 일하는 버슬아치)을 료(僚)라 함.
員	관원	원	官員	관원(官員)=버슬아치
吏	셔릿	:리	掾史-屬俗呼外郞又爲官治民曰官-	서리 리. 연사(掾史:아전과 사관)가 서리(胥吏) 임. [俗呼; 외랑(外郞)]. 인민을 다스리는 버슬아치를 관리(官吏)라 이름.
士	됴ᄉ	ᄉ	學以居位曰士	도사 사. 학문하여 품위를 유지하는 사람을 새(士)라 이름.
隸	거러치	예	俗呼皀-又曰牢子	종 예. [俗呼:조예(皀隸), 뢰자(牢子)라 함]
民	빅셩	민		백셩.
氓	빅셩	밍		백셩 맹(氓).

形	訓	音	註	풀이
閹	고쟈	엄	俗呼火者	고쟈(鼓子) 엄. [俗呼: 화쟈(火者)]
宦	고쟈	환	或呼內官又仕也官也	더러 내관(內官) / 새(仕:벼슬하다, 섬기다). 관(官)의 뜻.
閽	고쟈	혼	又守門者亦曰-人	/ 문(門)지기를 또한 혼인(閽人)이라 이름.
閹	고쟈	시	亦作寺詩寺人孟子	또한 '시(寺)'로 적음. 《詩》寺人孟子 作爲此詩 (시인맹자 작위차시: 시인 맹자께서 이 시를 지어)
卒	군ᄉᆞ	졸	俗呼巡兵邏卒汎稱軍-士-	군사. [俗呼;순병(巡兵),나졸(邏卒)][汎稱 군졸(軍卒) 사졸(士卒)
伍	군ᄉᆞ	오	五人爲-又數名書式作-	5人이 1오(伍)가 됨. / 여러 명의 서식(書式)을 '伍'로 적음.
軍	군ᄉᆞ	군	俗呼馬軍步軍又鍊鐵者曰鐵軍	군사 군. [俗呼: 마군(馬軍) 보군(步軍)] / 쇠를 달구는 것을 철군(鐵軍)이라 부름.
丁	손	뎡	謂軍保曰餘丁又曰貼戶又當也值也又零也	군보(軍保:정병 보충제도)를 여정(餘丁), 첩호(貼戶)라 부름. / 당(當), 치(値:값)의 뜻. 령(零)의 뜻.
洇	헤욤	슈	俗呼-水	헤엄 수. [俗呼;수수(洇水)]
渳	ᄆᆞ즈밋	미	俗呼-水	물장구 미. [俗呼; 미수(渳水)]
游	헤욤	유	又放也又優游自如貌	헤엄. / 방(放:놀다). / 우유(優拵:헤엄 잘 치고) 자유자재한 모양
泳	ᄆᆞ즈미	영		물장구칠 영.
傭	삭바돌	용	役賃謂雇作者初學字會云ᄃᆞᄆᆞ사리 용	삯 받을(품팔) 용. 역임(役賃: 남의 품을 사 일시키는 사람을 고작자(雇作者)라 이름. 《初學字會》; 다ᄆᆞ사리(더부살이) 용.
雇	삭바돌	고	客作者初學字會云ᄃᆞᄆᆞ사리 고	삯 받을 고. 객작자(客作者: 남의집살이 하는 사람) 《初學字會》; 다ᄆᆞ사리(더부살이) 고.
匠	쟝신	쟝		장인(기술자) 장.
役	브릴	역		부릴 역.

形	訓	音	註	풀이
漁	고기자블	어	俗呼-戶	물고기 잡을 어. [俗呼;어호(漁戶)]
獵	산힝홀	렵	俗呼打捕戶	사냥할 렵. [俗呼;타포호(打捕戶)]
樵	나모뷜	쵸	俗呼-夫	나무뷜 초. [俗呼;초부(樵夫)]
牧	모실	목	指牧童俗稱放牧	먹일(기를) 목. 목동(牧童)을 가리킴. [俗稱;방목(放牧)]
染	므드릴	염	俗稱-家을집	물들일 염. [俗稱;염가(染家)]. 물집(물들이는 집)
畫	그릴	화	-工-手	그릴 화. 화공(畫工). 화수(畫手;그림쟁이)
筭	혤	산	謂筭算者	헤아릴 산. 산산자(筭算者;점쟁이)를 이름.
曆	칙력	력	謂主曆者	책력 력. 역법을 주관하는 자를 이름.
神	신령 신	신	兩精相薄謂之神神者精氣所化也又鬼之靈者	신령. 부모의 정(精)이 교합(交合)할 때 깃드는 생명 활동을 신(神)이라 함. 신(神)이란 정기(精氣;생명의 원천)가 변화(變化)된 것이다. / 귀신(鬼神)에 영험(靈驗)한 자.
佛	부텨	불	俗稱佛子	부처 불. [俗稱; 불자(佛子)]
鬼	귓것	귀	陽魂為神陰魄為-	귀신 귀. 양혼(陽魂)이 신(神)이 되고 음백(陰魄)은 기(鬼)가 됨.
魔	귓것	마		악귀 마.
仙	션신	션		선인(仙人) 선.
道	도숫	:도	指-士又도릿도又길도	도사 도. 도사(道士)를 가리킴. / 도리 도 / 길 도.
尼	숭 니	니	俗呼-枯又-婆	승(僧;비구니) 니. [俗呼;니고(尼姑), 니바(尼婆)]
僧	즁	승	俗呼和尚又長老	중 승. [俗呼;화상(和尚), 장로(長老)]

形	訓	音	註	풀이
賓	손	빙	俗呼-客	손(님) 빈. [俗呼;빈객(賓客)]
客	손	긱	俗呼-人	손 객. [俗呼;객인(賓人)]
羈	나그내	긔	又馬勒也	나그네 기. / 마륵(馬勒;말 재갈)임.
旅	나그내	려	又軍旅又衆也	나그네 려. 군려(軍旅;군대) / 중(衆;뭇사람)
伴	벋	반	俗呼火伴동모古稱-當今稱舍-	벗 반. [俗呼; 화반(火伴)=동무. [古稱반(伴當)=今稱사반(舍伴)]
侶	벋	려		벗(짝) 려.
友	벋	우		벗 우.
朋	벋	붕	俗呼-友	벗 붕. [俗呼; 붕우(朋友)]
娼	녀계	챵		기녀(妓女) 창.
妓	녀계	기	俗呼作樂之-曰彈的	[俗呼;악기를 연주하는 기생을 탄적(彈的)이라 함]
衒	녀계	항		기녀 항.
衒	녀계	원	俗稱衒衒本作行院北京南北西三院有妓其夫皆樂工	기녀 원. [俗稱; 항원(衒衒), 본래 행원(行院)이라 적음.] 북경(北京) 南.北.西 3院에 기녀가 있는데. 그 지아비는 대개 악공(樂工)이다.
傀	광대	괴		광대 괴.
儡	광대	뢰	傀儡假面戲俗呼鬼臉兒	괴뢰(傀儡;꼭두각시)는 가면(假面)을 쓰고 연극(演劇)함. [俗呼; 귀수아(鬼臉兒)]
優	노롯바치	우	俗呼把戲的又曰雜劇又優游優劣	배우(俳優) 우. [俗呼;파희적(把戲的)] / 잡극(雜劇)] / 우유(優游;헤엄 잘 침) / 우열(優劣;넉넉하고 모자람)
伶	노롯바치	령	俗呼樂工樂人又樂官曰伶官	배우 령. [俗呼; 악공(樂工) 악인(樂人)] / 악관(樂官)을 령(伶)이라 함.

形	訓	音	註	풀이
醫	의원	의	俗呼太醫	[俗呼;태의(太醫)]
卜	점복	복	俗呼課命的筭卦的 筭命的	점복(占卜) 복. [俗呼;과명적(課命的), 산괘적(筭卦的), 산명적(筭命的)]
呪	굴	츅	俗呼法師	글귀 축. 주문(呪文) 주. [俗呼;법사(法師)]
儈	즈름	회	即駔儈俗稱牙子牙人	장쾌(駔儈;거간;중개인)쾌 [俗稱;아자(牙子), 아인(牙人)]
商	흥정홀	상	行者曰商俗稱貨郎兒	흥정할 상. 행상(行商;돌아다니며 장사)을 상(商;장사)이라 함. [俗稱; 화랑아(貨郎兒)]
賈	흥정홀	고	坐者曰賈俗稱鋪家鋪戶打家	흥정할 고. 좌상(坐商; 앉은 장사)을 고(賈)라 함. [俗稱;포가(鋪家), 포호(鋪戶), 타가(打家)]
農	녀름지슬	농	俗稱佃戶謂治人之田者	열매지을 농. [俗稱;전호(佃戶)]. 남을 부리는 자를 전재(田者)라 이름.
工	공장바치	공	俗稱作-的又巧也	공장(工匠)바치 공. [俗稱;작공적(作工的)] / 교(巧;공교함)의 뜻.
巫	무당 무	무	女曰-俗呼嬰婆	여자 무당을 무(巫)라 함. [俗呼;사파(嬰婆)]
覡	화랑이	혁	男曰-俗呼端公	남자 무당을 격(覡;박수)이라 함. [俗呼;단공(端公)]
媒	듕신	미	俗呼男曰-人	중신 매. [俗呼; 남자를 매인(媒人)]
妁	듕신	작	女曰媒婆總稱中人	중신 작. [俗呼; 여자를 매파(媒婆)] [總稱; 중인(中人;중신)]
瞽	쇼경	고	俗呼没眼的	소경 고. [俗呼;몰안적(没眼的)]
瞍	쇼경	슈	俗呼瞎厮	소경 수. [俗呼;할시(瞎厮)]
盲	쇼경	밍	或尊者曰先生	소경 맹. 더러 존자(尊者;중을 높임)를 선생(先生)이라 부름.
矇	쇼경	몽	俗稱-子	소경 몽. [俗稱;몽자(矇子)]

形	訓	音	註	풀이
東	동녁	동	-有九夷日本等國	동녘 동. 東쪽에 있는 9夷는 日本 等 여러 나라.
夷	되 이	이	東番或汎稱-狄	떼 이. 동번(東番). 혹은 [汎稱 이적(夷狄)]
西	셧녁	셔	-有-域諸國	서녘 서. 西쪽에 있는 서역(西域) 제국(諸國:여러 나라).
戎	되	슝	又-狄汎稱	떼 융. / 융적(戎狄)의 범칭(汎稱)
南	앒	남	南有猺蠻總稱蠻子	앞 남. 南쪽에 있는 요만(猺蠻)의 총칭(總稱) :만자(蠻子)
蠻	되	만	南番蛇種	떼(族) 만. 남번(南番)
北	뒤	븍	北有韃靼. 東北女眞. 西北韋兀	뒤 북. 北쪽의 달단(韃靼). 동북(東北)의 여진(女眞). 서북(西北)의 위올(韋兀)
狄	되	뎍	北番犬種總稱達子	떼(族) 적. 북번(北番)의 견종(犬種)을 총칭(總稱) ;달자(達子)
倭	예	와	俗稱倭子即倭奴有日本琉球等國	왜구 왜. [俗稱 왜자(倭子)] = 즉, 왜노(倭奴)는 일본(日本), 유구(琉球) 等 여러 나라.
韃	다대	달	俗呼韃子或作獺	떼(유목족:遊牧族) 달. [俗呼:달자(韃子)] 더러 '달(獺)'로 적음.
羌	되	강	西番羊種字从羊	떼 강. 서번(西番)의 양종(羊種). 字는 양(羊)의 뜻을 따름.
虜	되	로	夷狄戎虜外番總稱	떼(族) 로. 이적융로(夷狄戎虜) 외번(外藩:국경 밖)을 총칭(總稱).
刧	후릴	겁	俗呼强盜	후릴(앗을) 겁. [俗呼:강도(强盜)]
盜	도족	됴		도적 도.
寇	도족	구	又凡物盛多曰寇	도적 구. / 온갖 물건이 넘쳐나는 것을 구(寇)라 함.
賊	도족	적	又害也	도적 적. / 해(害:해치다)의 뜻.

形	訓	音	註	풀이
			宮宅(궁택)	
宮	집	궁	君居	궁궐 궁. 임금이 지내는 곳.
闕	집	궐	君居俗呼內府內裏又失也過也少也	대궐 궐. 임금이 지내는 곳. [俗呼:내부(內府)내리(內裏)] / 失(잃다). 과(過:허물). 소(少:모자라다)의 뜻.
宸	집	신	君居	대궐 신. 임금의 거소(居所)
殿	집	젼	君居俗呼正殿偏殿	큰집 전. 임금의 거처(居處). [俗呼:정전(正殿), 편전(偏殿)]
屋	집	옥	俗呼房-	집 옥. [俗呼:방옥(房屋)]
宅	집	틱	俗呼大-子	집 택. [俗呼:대택자(大宅子)]
家	집	가	俗呼-當自稱寒-寒居	[俗呼:가당(家當)] 자칭(自稱): 한가(寒家), 한거(寒居)
房	집	방	俗呼-子尾-草-	[俗呼:방자(房子), 미방(尾房), 초방(草房)]
廳	집	텽	俗稱正-公-	관청 청. [俗稱:정전(正廳), 공정(公廳)]
廨	집	히	公廳俗呼-舍	공청(公廳) 해. [俗呼:해사(廨舍)]
廬	집	려	民居又喪居曰倚-	인민(人民)의 거처(居處). / 상거(喪居)를 의려(倚廬)라 함.
舍	집	샤	大曰家小曰-	집 사. 큰 집을 가(家), 적은 집을 새(舍)라 함.
閨	도장	규	大曰-	도장(곳간) 규. 큰 곳간을 규(閨)라 함.
閤	도장	합	小曰閤又俗稱大學士曰閤老	도장(곳간) 합. 적은 곳간을 합(閤)이라 함. [俗稱:대학사(大學士)를 합노(閤老)라 함]
室	집	실	後為室	집 안쪽이 실(室)이 됨.
堂	집	당	前為堂又簷階內曰堂	집 앞쪽이 당(堂)이 됨. /처마 계단 안쪽을 당(堂)이라 함.

形	訓	音	註	풀이
樓	다락	루	重屋	중옥(重屋:2층집)
閣	집	각		
亭	뎡즈	뎡	忩遞鋪有郵亭又亭亭聳立貌	정자 정. 급(忩)히 갈마드는 우정(郵亭:역참)이 있음./ 정정(亭亭)은 용립(聳立:높이 우뚝 솟은)한 모양.
臺	딧	딕	亦作坮	누대(단) 대. 또한 대(坮)로도 적음.
闈	문	위	宮中小門	중궁(宮中) 작은 문(門)
闥	문	달	宮中小門	중궁(宮中) 작은 문(門)
廡	집	무	堂下周廊學宮有東西廡	당하(堂下)에 둘린 행랑(廊). 학궁(學宮)에 동서(東西)로 딸려 있는 무(廡 집)
廊	힝랑	랑	堂下周廂俗稱串-又呼內府給事中所在舍曰-房	당하(堂下)에 주상(周廂:행랑,곁채) [俗稱:곶랑(串廊)]. / 궁내(宮內) 급사중(給事中)이 소재(所在)하는 관사(官舍)를 낭방(廊房)이라 함.
厦	집 하	하	大屋又音沙俗稱披-東西夾室	큰집 하. 대옥(大屋). / 사(沙)音 [俗稱:피하(披厦): 東西로 딸린 협실(夾室:딸린 방)
寢	몸채	침	正寢又卧也國語잘침	정침(正寢:몸채 방). / 와(卧:눕다). [우리말: 잘 침]
埇	듕계 용	용	正路俗呼埇道正道	골목길 용. 정로(正路). [俗呼:용도(埇道), 정도(正道)]
陧	차면담	죠	俗呼陧壁又呼埇口	담벼락 조. [俗呼:조벽(陧壁), 용구(埇口)]
齋	집	직	燕名茅舍俗通作齋學宮有東西齋	집 재. 燕나라 모사(茅舍)라 명칭 [俗: 보통 재(齋)로 적음] 學宮은 東西로 재(齋)가 있음.
院	집	원	垣口內又院落뜰	담(垣)의 안쪽. / 원락(院落:뜰)
廠	허간	:창	如工作廳俗呼廠房	헛간 창. 공작청(工作廳)과 같음.[俗呼:창방(廠房)]
棚	가개	붕	如本國遮楹又山臺曰鰲-	시렁 붕. 우리나라 차영(遮楹:시렁)과 같음. / 산대(山臺)를 오붕(鰲棚)라 함.

形	訓	音	註	풀이
軒	딕누리	헌	闌板曰-又車廂也	난간 헌. 난판(闌板:난간 널빤지)을 헌(軒)이라 함. / 차상(車廂:수레의 난간)
檻	딕누리	함	闌也	난간 함. 란(闌:칸막이)이다.
欄	란간	란	遮欄拘欄	난간 란. 차란(遮欄:차단 난간), 구란(拘欄)
楯	쳥널	슌	又與盾同	난간 순. / 여순(與盾:방패)과 한가지.
戶	입	호	在內爲戶在外爲門	출입구 호. 안에 있으면 호(戶), 밖에 있으면 문(門).
牖	창	:유	在墻曰牖	담장(墻)에 낸 창문을 유(牖:들창문)라 함.
窻	창	창	在屋曰窻	집안에 낸 창문을 창(窻:창문)이라 함.
欞	듕긷	령	窻間隔木俗稱窻-	격자창 영. 창문(窻門)사이에 나무 창살을 띄운 창. [俗稱]창령(窻欞)
壁	ᄇᆞ롬	벽	又軍壘	바람막이 벽. / 군루(軍壘)
墉	담 용	용	高曰墉	담장 용. 높은 담장을 용(墉)이라 함.
垣	담 원	원	甲曰垣	낮은 담장을 원(垣)이라 함.
墻	담 쟝	쟝	總言	담장을 통틀어 하는 말
桁	도리	힝	俗呼桁條又與桄同	도리(들보) 항. [俗呼]행조(桁條). / 항(桄:시렁)과 한가지.
檁	납	름		도리(들보) 름.
簷	기슭	쳠	亦作檐櫓	처마 첨. / 염첨(檐櫓)으로도 적음
甍	기슭	밍	기슭밍	처마(기슭) 맹

形	訓	音	註	풀이
溝	쉬궁	구	俗稱-子又陰- 스 믠쉬궁	도랑 구.[俗稱구자(溝子)]. / 음구(陰溝봇도랑). 시궁창.
渠	쉬궁	거	又汝也	도랑 거. // 여(汝:물이름)
瀆	쉬궁	독	濁又也	도랑 독. // 혼(瀆:물이 흐린 모양)
竇	쉬궁	두	本作竇	도랑 두. 본래 두(竇)로 적음.
厠	뒷간	치	國音측俗呼-屋又茅-又間雜也	뒷간 측. [우리音:측] [俗呼:측옥(厠屋).모측(茅厠)] / 간잡(間雜 놀고먹는 잡된 무리)
廁	매유통	·투	俗呼後桶	매화틀 투. [俗呼:후통(後桶)]
圂	뒷간	혼	俗又呼淨房	뒷간 흔. [俗呼:정방(淨房)]
圊	뒷간	청	俗又呼東司	뒷간 청. [俗呼:동사(東司)]
牔	박공	박	俗呼-風	지붕 끝에 붙이는 두거운 널빤지 [俗呼:박풍(牔風)]
櫳	창살	롱	俗呼窓-	창살 롱. [俗呼:창롱(窓櫳)]
椑	살문	폐	살문폐	나무 울타리(우리). ·살문 폐
柜	살문	:호	椑柜俗呼行馬	나무 우리. 폐호(椑柜) [俗呼:행마(行馬)]
陛	버텅	폐	尊者升堂之階	궁궐 층계 폐. 지위 높은 자가 堂에 오르는 계단(階段)
墀	뜰 디	디	關庭曰丹墀	뜰지. 궐정(關庭 궁궐 뜰)을 단지(丹墀)라 함
階	섬 계	계	俗呼-級 서흐레	섬돌 계. [俗呼:계급(階級)] 서흐레
庭	뜰 뎡	뎡	俗呼天井	뜰 정. [俗呼:천정(天井)]

形	訓	音	註	풀이
棟	ᄆᆞᄅ	:동	俗呼脊樑	마룻대 동. [俗呼;권랑(脊樑)]
樑	보	량	俗呼過樑들보	들보 량. [俗呼;과량(過樑)] ; 들보
楹	기동	영		기동 영
柱	기동	듀		기동 주
梲	대공	졀	梁上短柱即侏儒柱今謂屋山	대공(동자기둥) 절. 들보 위의 짧은 가로 기둥.=주(侏동자기둥). 유가에서 주(柱)를 요즘 옥산(屋山)이라 부름.
椽	셔	연		서까래 연
桷	셔	각		서까래.
榱	셔	최		서까래.
礎	쥬츄	초		주춧돌 초.
磉	쥬츄	상	俗稱磉石又磉墩	주춧돌 상.
礩	쥬츄	질		주춧돌 질.
碣	쥬츄	셕		주춧돌
藩	울번	번		울(타리) 번.
柵	세댱	최	編木為欄	우리 책(방책:防柵. 나무를 엮어 만든 난(欄·우리. 난간, 막이)
笆	바조	파		대울(타리) 파.
籬	바조	리	或从艸	대울(타리) 파. 더러 艸部에 속함.

形	訓	音	註	풀이
門	문	문	俗呼門子在外為－國語오래문	[俗呼 문자(門子)] 외부에 있는 걸 門으로 삼는다. [우리말 :오래문]
扉	문짝	비	俗呼門肩	문짝(사립문) 비. [俗呼 문견(門肩)]
椳	지도리	외		문지도리(돌저귀) 외. 문짝 위아래를 괸 것.
樞	지도리	츄	俗呼門斗	지도리 추. [俗呼 문두(門斗)]
扃	쟝군목	경	又다돌 경	문빗장(문 여닫이 걸쇠) 경. / 문 닫을 경.
㯏	쟝군목	솬	俗稱門－即關也	문빗장 산. [俗稱 문산(門㯏)] =관(關 빗장)이다.
扊	쟝군목	염		문빗장 염.
扅	쟝군목	이		문빗장 이.
楧	문젼	광	俗呼門－	문설주 광. [俗呼 문광(門楧)]
闑	뭀돌	얼	門中立石俗呼門墩	문새 돌 얼. 門 새에 괸 돌 [俗呼 문돈(門墩)]
閫	문젼	곤	俗呼門限	문지방(문턱) 곤. [俗呼 문한(門限)
閾	문젼	역		문지방 역.
橋	드리	교	在街者俗呼石橋板橋草橋又獨木橋曰略彴即水梁也	길에 있는 것. [俗呼 석교(石橋), 판교(板橋), 초교(草橋)]./ 독목교(獨木橋 외나무다리)를 약작(略彴)이라 함. =수량(水梁 :다리)
梯	드리	뎨	在家者俗呼梯子即木階所以登高	(사)다리 제. 집안에 있는 것. [俗呼 제자(梯子)] =모계(木階 나무층계)라서 위로 오름.
矼	드리	강	點石渡水者亦作杠孟子徒杠成	(돌)다리 강. 돌을 띠어 놓아 물을 건너는 것. '강(杠)'으로도 적음. 《孟子》歲十一月 徒杠成 十二月 輿梁成 11월에 여러 사람이 건널 작은 다리를 놓고, 12월에 수레가 다닐 큰 다리를 놓으면~
徛	드리	긔	列石為渡	다리 기. 돌을 이어 쌓아 건너게 한 것.

形	訓	音	註	풀이
			官衙 (관아)	
朝	됴횟	됴	俗稱朝見朝廷又上券	조회 조. [俗稱;조현(朝見),조연(朝廷)] / 상권(上券 :임금의 문서)
廷	터 뎡	뎡	朝君之所又朝廷謂國家也	조정 정. 임금을 뵙는 곳. /조정(朝廷)을 국가(國家)라 이름.
京	셔울	경		서울 경.
都	도읍	도	又모둘도	/ 모둘(추려서 한데 모을) 도
邊	ᄀᆞᆺ	변	又邊塞	갓 변. / 변새(邊塞;변경의 요새)
鄙	ᄀᆞᆺ	비	下邑又陋也	갓(비루할) 비. 하읍(下邑;9등급 중 7~9등급). / 루(陋;더럽다). / 비루(鄙陋;천하고 낮을)
寰	고을	환	畿內縣	경기(京畿;서울둘레)안의 현(縣)
畿	경긧	긔		경기(京畿) 기. 예) 서울 둘레 200里 땅.
部	거느릴	부	六部又部伍	거느릴 부. 6부(六部). / 부오(部伍;대오를 거느리다). 나눠 거느리다.
署	마술	셔	權任官曰署官又曰覃官又쳐셔花押	마을(관아) 서. 권임관(權任官;우두머리)를 서관(署官)/ 담관(覃官)이라 함. /쳐 서. / 화압(花押)=서명(署名)의 뜻.
曹	마술	조	曹司即子部又물조輩也	마을 조. 조사(曹司)=자부(子部). / 우물 조. / 배(輩;무리)의 뜻.
局	마술	국	碁枰亦曰局又局量	마을 국. 기평(碁枰;바둑판)을 국(局)이라고도 함. 또한 국량(局量;남의 잘못을 이해하며 일을 처리하는 힘)
官	구의	관	又有職者曰官人	벼슬 관. / 유직자(有職者)를 관인(官人;벼슬아치)이라 함.
府	마을	·부	在京在外大邑又俗稱內府대궐又王部諸王:겨신·듸	서울 / 서울 밖의 대읍(大邑). / [俗稱;내부(內府=대궐). / 왕부(王部); 제왕(諸王)이 계신 곳.
衙	마올	아	俗呼衙門	관아 아. [俗呼; 아문(衙門)]
司	마올	사	俗呼官司	맡을(마을) 사. [俗呼;관사(官司)]

形	訓	音	註	풀이
州	고을	쥬		고을 주.
郡	고을	군		
縣	고을	현		
邑	고을	읍		
衛	쁴릴	위	又俗稱軍衛謂指揮 몯는마·슬	지킬(에워쌀) 위. / [俗稱: 군위(軍衛)].=지휘(指揮)를 '맡은 마을'이라 함. 호위(護衛:감싸 보호함)
所	바	쇼	又官名左右前後中 五所千戶百戶菈管 之司	바 소. / 관명(官名:벼슬이름). 좌우전후중(左右前後中)5 所. 천호백호(千戶百戶)를 맡아보는 벼슬.
營	바오달	·영	俗稱下營바오·달· 티:ㅏ又營盤바오· 달터又經營	[俗稱:하영(下營:아래 監營)=바오달티:ㅏ)] / 영반(營盤:진터=바오달터). / 경영(經營)
廂	지	샹	堂下周廊又東西來 室又軍士寄息之所	집 상. 몸채에 딸린 행랑. / 東西쪽 곁채(협실:夾室). / 군사(軍士)들이 기식(寄息)하는 곳: 기숙사(寄宿舍)
邸	집	:뎨	郡國朝宿之舍在京者 必有外貨叢集爲市亦 曰-店	집(관저)저. 고을 수령이 일하고 묵는 집. 서울에 있으 면 바깥의 재화(財貨)가 떼로 모여 들어 시장(市場)이 형성됨. 저점(邸店)으로도 부름.
店	져제	뎜	停商鬻貨之舍	저자 점. 묵으면서 재화를 파는(육화;鬻貨) 상점.
埠	져제	부	津頭互市處俗呼- 頭	부두(저자)부. 율두(津頭:나루머리)에서 거래하는 곳.[俗 呼:부두(埠頭)]
集	모들	·집	又在外互市處曰- 塲	모둘(모을) 집. / 외부의 거래 시장(市場)을 집장(集塲) 이라 함.
街	거리	개	俗呼角頭凡市在街 故稱市必曰街上	[俗呼:각두(角頭)] 보통 시장(市)은 사람이 많이 다니는 거리(街)에 있기 때문에 시(市)라 稱하며, 꼭 가상(街上) 이라 부름.
市	져제	·시	俗呼行市	저자 시. [俗呼:행시(行市)]
廛	져제	뎐	市中處地	저자 전. 시장 안에 빈 터. 전방(廛房:점빵,가게)
行	져제	훙	俗呼座主曰行頭又 見下卷	저자 항. [俗呼:좌주(座主):행두(行頭)]. / 하권(下卷)을 보시오.

形	訓	音	註	풀이
屯	군모들	둔	勒兵而守曰屯又邅難也	군모을 둔. 대오(隊伍)를 갖추어 지킴을 둔(屯)이라 이름. / 전난(邅難:머뭇거림)의 뜻.
堡	쟈근잣	:보	小城俗呼堡子	작은 재(城) 보. 소성(小城). [俗呼;보자(堡子)]=보루(堡壘:작은 성채)
壕	히즈	호	城底海子有水曰-	해자(성 밑 구덩이) 호. 성(城) 밑의 해자(海子)는 물을 담고 있어 호(壕:두른 못)라 이름.
池	못	디	即壕-又-塘	못 지. =호지(壕池), 지당(池塘) ※[한글자모 : 'ㄷ' 池末 : 디귿]
郛	밧잣	부	郭之別稱	바깥 재(城) 부. 외곽(外郭:바깥 테두리)의 별칭(別稱)
郭	밧잣	·곽	俗稱羅城	바깥 성(城) 곽. [俗稱;나성(羅城)]
城	잣	성	俗稱-子	재(둑=土城) 성. [俗稱;성자(城子)]
隍	히즈	황	城底海子無水曰-又城隍廟祀國內土地神	해자(垓字) 황. 성 밑 해자에 물이 없으면 황(隍). / 성황(城隍廟). 제사 지낼 때 토지신(土地神)
閭	무술	려		무술(마을) 려. 여염(閭閻)집.
閻	무술	염	俗呼街坊	마을 염. [俗呼;가방(街坊:이웃)]=시가(市街)
鄰	무술	린	俗呼鄰佑鄰近	마을(이웃) 린. [俗呼;인우(鄰佑), 인근(鄰近)]
里	무술	리	俗呼鄰里	마을 리. [俗呼;인리(鄰里:이웃; 이웃 마을)]
寨	목척	채	山居以木柵又軍宿處又羊栖	목책(木柵:울짱) 채. 山에 둔 목책(木柵). / 군숙영지(軍宿營地). / 양서(羊栖:뜻)
墅	농숫	셔	田廬古人置別墅	농막 서. 전려(田廬:초막). 古人이 별서(別墅:외딴 별장)를 둠.
村	무술	촌	亦作邨	'촌(邨)'으로도 적음.
鄕	스굴	향		시골 향.

形	訓	音	註	풀이
墩	흙무디	돈	高堆也俗呼烟臺曰烟墩	흙무더기 돈. 고퇴(高堆 높은 흙무더기). [俗呼;연대(烟臺)를 연돈(烟墩)]=봉수대(烽燧臺)
堠	댱슝	후	俗呼五里墩	장승 후. [俗呼;5리돈(五里墩)]
烽	봉호	봉	邊備告警夜火爲烽晝烟爲燧	봉화(烽火) 봉. 변비(邊備 국경경비)에 변고(變故)를 알려 경계(警戒)토록 함. 밤엔 불빛으로 봉(烽)을 하고, 낮엔 연기로 수(燧)를 함.
燧	봉호	슈	又陽燧取火於日	봉수(烽燧) 수. / 양수(陽燧 오목 거울)로 햇빛을 한 데 모아 불씨를 얻음.
舘	집	관	客舍亦作館	객사(客舍). 관(館)으로도 적음
驛	역	·역	俗呼馬-	역말 역. [俗呼;마역(馬驛)]
站	역	참	俗呼水-馬驛亦曰-又俗謂立曰站亦作呫	역 참.[俗呼;수참(水站),마역(馬驛)을 또한 참(站)이라 함]. / [俗;립(立)은 참(站)을 이름]. 참(呫)으로도 적음.
鋪	역	푸	俗呼-舍又군푸曰冷-저제曰-行-家又平聲設也	펼(가게) 포. [俗呼;포사(鋪舍)] / 군푸를 냉포(冷鋪), 저자를 포항(鋪行), 포가(鋪家). [平聲 설(設;베풀다).]
倉	창	창	貯米穀曰-	창고(倉庫) 창. 미곡(米穀 곡물)을 쌓아두는 곳을 창(倉)이라 함.
厫	채	오	倉--흔·채	곳집 오. 창일오(倉一厫 곳집 한 채)
囤	노적	돈	圍簟貯穀俗呼-倉	노적가리(작은곳집) 돈. 위점저곡(圍簟貯穀 대죽으로 둘러쳐 곡물을 저장). [俗呼;돈창(囤倉)]
簟	노적	·천	即囤倉	노적가리 천.= 돈창(囤倉)
囷	노적	·균	廩之圓者	노적가리 균. (쌀)광으로 둥근 것.
廩	고	:름	倉有屋曰廩	곳집 름. 옥창고로 덮개 있는 것을 늠(廩)이라 함.
帑	금읒고	:탕	金銀所藏舍	금은창고 탕. 금은 소장(所藏) 사옥(舍屋).
庫	곳	고	貯物貨曰庫	곳집 고. 물건과 재화(物貨)를 담아 둔 곳을 고(庫)라 이름.

形	訓	音	註	풀이
牢	옥	뢰	俗稱監房曰-房又 畜闌又堅固也	감옥(監獄) 뢰. [俗稱 ;감방(監房)=뢰방(牢房)] 떠는 축난(畜闌:가축우리). / 견고(堅固:튼튼함)
獄	옥	·옥	總稱	감옥의 [총칭(總稱)]
囹	옥	령		
圄	옥	·어	拘罪人舍秦曰囹-	감옥 어. 죄인(罪人)을 가두는 곳. 《十八史略. 疏진 (秦)나라 때 이것을 영어(囹圄)라 이름.]
窨	움	음	地室俗呼-子	움집 움. 지실(地室: 흙구덩이). [俗呼:음자(窨子)]
窩	산막	와	又애막曰窩鋪又鳥 栖曰窩兒	움막 와. / 애막을 와포(窩鋪)라 함. / 조서(鳥栖:새둥 지)를 와아(窩兒)라 이름.
穽	함정	정	穿地陷獸	함정 정. 아지함수(穿地陷獸: 구덩이를 파서 짐승이 빠 지게 함)
窖	굴	:교	地藏	구덩이 교. 지장(地藏:허방다리)
陶	딜구올	도	又欝也思也又音姚 皐陶人名	질그릇 구을 도. / 울(欝:우울할). 사(思). 요(姚)音이면 고요(皐陶);인명(人名)
窯	왜욧	요	俗稱黑窯	옹기가마 요. [俗稱:흑요(黑窯)]
囪	굴	총	俗呼烟-又呼窯洞	굴뚝 총. [俗呼;연창(烟囪)] / 요통(窯洞)]
堗	굴	돌	漢書曲堗即烟囪也	굴뚝(구들) 돌. 《漢書》:곡돌(曲堗)=연창(烟囪)임
庖	브억	포	烹魚之所大曰-	부엌 포. 삶거나 굽는 곳으로 큰 것을 포(庖)라 이름.
廚	브억	듀	小曰廚	부엌 주. 작은 것을 두(廚)라 이름.
炕	구들	강	俗呼火炕블딘ᄂᆞᆫ구 들	구들 강. [俗呼:화강(火炕)]:불 닿는 구들
竈	브억	조	亦作灶口囟又俗呼 鹽戶曰竈戶	부엌 조. '조(灶)'로도 적음. 口囟又 [俗呼:염호(鹽戶:소금업)=조호(竈戶)]

形	訓	音	註	풀이
庵	뎔	암	僧居草舍	절 암. 중이 거처하는 초가집
觀	집	·관	道宮又平聲볼관見下券	집 관. 도궁(道宮:도사의 집). / [平聲볼 관] <下券>을 보시오]
寺	뎔	:ᄉ	浮屠所居又官司亦曰寺	절 사. 부도(浮屠:승려)가 사는 곳. / 관사(官司:벼슬)이면 시(寺)라고도 함.
刹	뎔·	찰	僧舍又幡柱	절 찰. 승사(僧舍). / 번주(幡柱)
祠	ᄉ당	ᄉ	祭也又祭所俗稱祭堂	사당 사. 제사(祭祀)의 뜻. / 제사지내는 곳(祭所). [俗稱:제당(祭堂)]
廟	죵묫	묘	俗呼太廟凡祀神之所皆曰廟堂	종묘 묘. [俗呼:대묘(太廟)] 무릇 神에게 제사지내는 곳을 대개 묘당(廟堂)이라 함.
壇	제터	단	俗呼壇塲又呼祭壇又設弟一具謂之一壇	제사터 단. [俗呼:단장(壇塲), 제단(祭壇)] / 제사를 베푸는 상차림 하나를 일단(一壇)이라 함.
壝	제터	유	土起堳埒	제사터 유. 토기미랄(土起堳埒:땅을 일궈 만든 두둑)

器 皿(기 명)

形	訓	音	註	풀이
鼎	솥	뎡	烹飪之器	솥 정. 팽임지기(烹飪之器:삶거나 익히거나 끓이는 그릇)
鑊	솥·	·확	又가마 확	솥(가마) 확.
鼐	솥	내	大曰-	솥 내. 큰 것을 내(鼐)라 이름.
鼒	솥	즈	小曰-	솥 자. 작은 것을 자(鼒)라 이름.
釜	가마	부		가마솥 부.
鍋	가마	과	漢俗時用	가마솥 과. [漢俗:시용(時用)]
鬵	가마	심		가마솥 심.
錡	가마	긔		가마솥 심.

形	訓	音	註	풀이
櫃	궷	궤	櫃子亦作櫃匱	궤짝 궤. 궤(櫃匱)라고도 적음.
櫝	골	독		나뭇 궤 함.
庋	장	기	所以藏食	시렁(선반) 기. 오래 저장해서 먹기 위함
机	도마	궤	机案	도마 궤. 궤안(机案:소반, 밥상)
牀	평삿	상	俗稱臥-又曰交-繩-胡-	평상(들마루) 상. [俗稱:와상(臥床:잠자리). / 교상(交床:접의자),승상(繩床),호상(胡牀)이라고 함.
榻	평상	탑	坐具小者	평상 탑. 좌구(坐具:앉을 때 방석)로 작은 것.
凳	사오리	둥	俗呼板-	걸상 등. [俗呼:판등(板凳)]
椅	교의	의	俗呼-子	교의(交椅:다리가 긴 의자) 의. [俗呼:의자(倚子)]
卓	고족상	탁	又特立也高也	긴다리 상 탁. / 特立(우뚝 뛰어남). 高(높다).
盤	반	빤		소반 반.
榼	합	합	俗呼榼兒酒榼果榼亦作盒	상자(容器) 합. [俗呼:합아(榼兒),주합(酒榼),과합(果榼)] 합(盒)으로도 적음.
鏊	노고	오	俗呼襖子燒餠烙熟之器	냄비 오. [俗呼:오자(鏊子)];떡을 찌거나 지지거나 익히는 도구.
篩	체	싀	稀子曰篩子俗作篩非	체 사. 체가 성긴 것을 사자(篩子)라 이름. [俗:사비(篩非)라고도 적음]
籮	체	라	密子曰籮兒又俗食籮	체 라. 체가 오밀한 것을 라아(籮兒)라 이름. / [俗:식라(食籮=키(箕,其)]
甑	시르	중		시루 증.
箅	시르밑	비	俗稱甑箅兒	시루받침 비. [俗稱: 증비아(甑箅兒)]

形	訓	音	註	풀이
盌	사발	원	亦作椀碗塊	사발 완. 완(椀 碗 塊)으로도 적음.
楪	뎝시	뎝	木-甕-	접시 접. 목접(木楪), 옹접(甕楪)
簞	바고니	단		바구니 단.
箕	키	긔	俗稱簸器	키 기. [俗稱 파기(簸器:곡물을 까부르는 도구)]
匕	술	비		숟가락 비.
匙	술	시	俗稱銅-	숟가락 시. [俗稱 동시(銅匙:구리수저)
筴	져	협		젓가락 협.
筯	져	뎌		젓가락 저.
研	밀돌	아	形如半磨以光繒者	밀돌(맷돌) 아. 반쪽 갈이로 명주같이 광택난다.
碾	밀돌	년	又礪子卽磨也	밀돌(맷돌) 년. / 려자(礪子:숫돌)=연마 도구
磨	매	마	又礪石曰磨石又平聲治石	갈 마. 여석(礪石:숫돌)을 맷돌이라 함. [平聲 치석(治石:돌을 매끄럽게 다듬음)]
磑	매	의	俗稱磑子	맷돌 애. [俗稱 애자(磑子)]
碓	방하	뒤		방아 대.
臼	호왁	구		확(절구) 구
砧	버텅	팀		다듬돌 침.
杵	고	져	俗稱碓觜	(절구)공이 저. [俗稱 대취(碓觜:방아공이)]

形	訓	音	註	풀이
筵	돗	연	俗謂宴曰-席官話稱-宴	(돗)자리 연. [俗謂 연회(宴)를 연석(筵席)이라 함]. [官話 연연(筵宴)이라 부름]
席	돗	셕	俗稱凉席坐席	(돗)자리 석. [俗稱 량석(凉席), 좌석(坐席)]
茵	지즑	인		자리(깔개, 방석) 인.
薦	지즑	쳔	俗呼藁薦	자리(깔개, 거적) 천/ 천거(내세울) 천. [俗呼 고천(藁薦 말린 깔개)]
兀	방사오리	올	上馬臺又高貌	방석 올. 말 안장. / 고모(高貌 높은 모양)
簟	삳	:뎜		삿(대)자리 점.
枕	벼개	침	又去聲以首據物	베개 침. / [去聲: 이수거물(以首據物 머리를 물건에 기댐)]
褥	요	쇽		요(깔이 침구) 욕.
秤	저울	칭	通作稱俗呼-子小日等子	저울 칭. 보통 '칭(稱)'으로 적음. [俗呼 칭자(秤子)] 작은 것을 등자(等子)라 함
衡	저욹대	형	俗呼秤子曰-兒	저울대 형. [俗呼 칭자(秤子)를 형아(衡兒)라 함]
錘	드림	튜	俗呼錘兒	저울추(달음) 추. [俗呼 추아(錘兒)].
權	드림	권	又權變也	저울(달음) 권. / 권변(權變 일의형세에 따른 처리)]의 뜻.
升	되	승	十合爲升通作勝又以布八十縷爲一升	되 승.(부피,피륙의 단위) 10홉(合)=1되(升). 보통 승(勝)이라 적음. / 베(布)날실 80올이 1승(升)임.
斗	말	두		말 두.(용량의 단위)
槩	평목	개	又節-操介也又大-梗-大率也	평미레 개. / 절개(節槩). 조개(操介). / 대개(大槩). 경개(梗槩 전체줄거리). 대솔(大率 거느림)
斛	고	곡		휘(곡식을 분량을 재는 그릇) 곡.

形	訓	音	註	풀이
糨	쑬플	강		쌀풀 강.
糊	밀플	호		밀풀 호.
膠	갓쓀	교	俗呼부레曰魚鰾	갖(아교)풀 교. [俗呼; 부레를 어표(魚鰾)라 함]
蠟	밀	랍	俗呼黃-	밀(벌꿀 집) 랍. [俗呼;황랍(黃蠟)]
枹	붑마치	부	俗作桴	북(鼓)채 북. [俗; 부(桴)로 적음]
柲	즈ᄅ	필	戈戟柄亦作鉍	창 자루 필. 창 자루. 필(鉍)로도 적음.
柄	즈ᄅ	병	俗呼把兒	자루 병. [俗呼;파아(把兒)]
欛	즈ᄅ	파		자루 파.
樽	즙	준		술 단지 준.
罍	준	뢰		술단지 뢰.
鐺	쟝ᄌ	팅	俗呼脚鐺	쇠사슬 장(솥 당). [俗呼;각당(脚鐺 다리 쇠사슬)]
銚	쥬젼ᄌ	됴	俗呼銅-	주전자 조. [俗呼;동조(銅銚;구리쟁개비)]
壺	호병	호	小曰-	호리병 호. 작은 것을 호(壺)라 이름.
瓶	볋	병	大曰-	병(단지) 병. 큰 것을 병(瓶)이라 함.
勺	구기	쟉		구기(잔) 작.
斝	잔	가	小杯又尊名	잔 가. 소배(小杯;작은 잔). / 존명(尊名;존함)

形	訓	音	註	풀이
壜	항아리	담	亦作罈	항아리(단지) 담. 담(罈)으로도 적음.
罐	단디	관	又汲水缸有耳又柳編者柳-又曰水斗	단지 관. 물 항아리로 귀(손잡이)가 있음. / 버드나무로 엮은 것이 유관(柳罐). / 수두(水斗:물 뜨는 것)
盆	딜동히	분		(질그릇)동이 분.
盎	딜동히	앙	又盛貌孟子盎於背	동이 앙. / 넘치는 모양. 《孟子·진심 상》睟然見於面盎於背~ 돌연 얼굴에 나타나고 등 뒤에 가득한
篘	룽슈	추	俗呼酒篘	용수 추. [俗呼:주추(酒篘)]. 술 푸는 기구
帘	주머니	렴	俗呼酒帘又酒旗亦曰青帘	주막깃발 렴. [俗呼:주렴(酒帘)] / 주기(酒旗:술집깃발). 청렴(青帘)이라고도 함.
槽	고조	조	俗呼酒-又-槽房술집馬槽말구유溜槽빗을반ᄂᆞᆫ홈	구유(술통) 조. [俗呼:주조(酒槽)] / 조방(槽房:술집). 마조(馬槽:말구유). 유조(溜槽:빗물 받는 홈통)
榨	고조	자	俗稱酒榨又壓油榨曰油者又이籬柵亦曰墻조榨	술주자(기름누름틀) 자. [俗稱:주자(酒榨)] / 압유자(壓油者)를 유자(油榨)라 함. / 이책(籬柵)을 장조(墻榨:울타리)라고도 함.
卮	대야	치		대야 치.
匜	귀대야	이		귀대야 이.
甌	보ᅀᅳ	구	盌之小子	보사기 구. 작은 주발.
盞	잔	잔	小杯亦作(잔角戔)	작은 잔. (잔角戔)으로도 적음.
罌	대항	영		큰항아리 영.
缸	항	항		항아리 항.
瓮	독	옹	小曰-	독 옹. 작은 독을 옹(瓮)이라 함.
甌	독	강	大曰-俗呼-子	독 강. 큰 독을 강(甌)이라 함. [俗呼:강자(甌子)]

形	訓	音	註	풀이
杯	잔	비		잔 배.
鍾	죵	죵	又量名又聚也	종 종. / 부피단위 명칭. / 취(聚:모으다)의 뜻.
觥	가탁	굉	角爵罰用	뿔잔 굉. 뿔 술잔은 형벌용(刑罰用)
觴	잔	샹	酒巵總名	술잔 상. 주치(酒巵:술잔)의 총칭(總稱)
籃	드라치	람		대바구니 람.
簍	둥주리	루		대광주리 루.
筥	광조리	게	圓曰-	광주리 거. 둥근 것을 거(筥)라 함.
筐	광조리	광	方曰-	광주리 광. 모난 것을 광(筐)이라 함.
筑	죠리	조		조리(조랭이) 조.
籭	죠리	리	俗呼筑(籭)	조리(조랭이) 리. [俗呼: 조리(筑籭)]
筹	고리	고		대상재(고리) 고.
笆	고리	로	筹-柳器也	대상재(고리) 로. 고로(筹笆)는 유기(柳器:버들그릇)
篋	섥	협		대상재(서랭이) 협
笥	섥	스		서랭이(대밥통) 사
籠	롱	롱	箱-竹器又平聲舉土器也又包舉也	농(옷장) 롱. 상롱(箱籠)은 대그릇. /[平聲:거토기(舉土器: 삼태기]. / 포거(包舉:포괄)
箱	샹즈	샹	俗呼柳-	대상자 상. [俗呼:유상(柳箱:버들고리)]

形	訓	音	註	풀이
傘	우산	산	遮日及雨	비나 햇빛 가리개.
蓋	갯,	개	君用又두플개又俗稱構屋曰-造	갯(덮을) 개. 임금용 가리개. / [俗稱:구옥(構屋:얽어 만든 집)을 개조(蓋造)라 함.
屏	편풍	병	又上聲藩蔽也又去聲除去也	병풍 병. [上聲:번폐(藩蔽:울타리)] [去聲:제거(除去)]
扆	편풍	의	人君黼-	병풍 의. 임금의 보의(黼扆:자수(刺繡) 병풍)
袋	쟈ᄅ	듸	俗呼口-亦作帒	자루(전대) 대. [俗呼:구대(口袋:주머니)]. 대(帒)로도 적음.
帍	힝즈쵸마	호	俗呼帍裙	행주치마 호. [俗呼:호군(帍裙)]
囊	ᄂᆞᆺ	낭	有底	주머니 낭. 유저(有底:바닥이 있는 것)
槖	주머니	탁	無底	주머니 탁. 무저(無底:바닥이 없는 것)
帳	댱	댱	總名	장막 장. 장막의 총칭(總稱)
幬	댱	듀	牀帳	장막 주. 상장(牀帳:평상 휘장)
幃	댱	위	單帳	장막 위. 단장(單帳:홑 휘장)
幔	댱	만	帳也又문댱만	장막 만. / 문장(蚊帳:모기장) 만
帷	댱	유	在旁曰-	장막 유. 곁에 있는 것을 유(帷)라 함.
幌	댱	황	床帳	장막 황. 상장(床帳:평상과 휘장)
幄	쟈실	악	上下四方悉周曰-	차일(遮日) 악. 위아래와 4방을 가린 장막을 악(幄)이라 함.
幕	쟈실	막	在上曰-	차일 막. 위를 가린 천막을 막(幕)이라 함.

形	訓	音	註	풀이
筕	홰	항	掛衣具亦作桁	횃대(옷걸이) 항. 괘의구(掛衣具:옷걸이). 항(桁)으로도 씀.
架	실에	가	又造屋曰-又棚也	시렁 가. / 조옥(造屋:집 짓는데)들보. / 붕(棚:선반)
楎	걸말	휘	植壁曰휘(楎)	옷걸이(횃대) 휘. 벽(壁)에 다린 것을 휘(楎)라 함.
椸	홰	이	衣架	횃대 이. 의가(衣架:옷 시렁)
幢	번	당		깃발 당.
旛	번	번		깃발 당.
簾	발	렴		발(주렴) 렴.
箔	발	박		발(주렴) 박.
鏡	거우로	경		거울 경.
鑑	거우로	감		거울 감.
奩	집	렴	俗呼鏡-	경대 렴. [俗呼:경렴(鏡奩:화장 상자)]
匣	집	갑	俗呼-兒	갑(작은 상자) 갑. [俗呼:갑아(匣兒)]
鑽	비븨	찬	俗呼鐵-	비비송곳(뚫을) 찬. [俗呼:철찬(鐵鑽:송곳)]
鑷	죡접개	녑	俗呼-兒	족집게(못뽑이) 첩. [俗呼:섭아(鑷兒)]
錐	솔옷	쵸	俗呼-兒	송곳 추. [俗呼:추아(錐兒)]
觽	쇠약	휴		뿔송곳 휴.

形	訓	音	註	풀이
鍼	바늘	침	俗呼-	바늘 침. [俗呼;침(針)]
熨	다리우리	울	俗呼-斗又曰運斗	다리미 울. [俗呼;울두(熨斗)] / 운두(運斗:다리미)
剪	개	젼	俗呼-子	가위 젼. [俗呼;젼자(剪子)]
尺	자	쳑	俗呼-	[俗呼;쳑(尺)]
刷	쇄ᄌ	쇄	俗呼帽-靴-又-簫所以刷器具者	긁을 쇄. [俗呼;모쇄(帽刷),화쇄(靴刷)] / 쇄소소(刷簫所). 인쇄기구(印刷器具)
櫛	얼에빗	즐		얼레빗 즐. (＊왜군은 얼레빗 명군은 참빗)
梳	얼에빗	소	俗稱-子	얼레빗 소. [俗稱;소자(梳子)]
篦	춤빗	비	俗稱稀-子	참빗 비. [俗稱;희비자(稀篦子), 밀비자(密篦子)] ;살이 썩 가늘고 촘촘한 대빗.
繩	노	승		노끈 승.
索	노	삭	繩-又音色求討也	노끈 삭. 승삭(繩索). / 색(色)音; 구토(求討:찾아내다, 뒤지다)의 뜻. =토색(討索)
紘	벼리	굉		그물코 굉.
綱	벼리	강	俗呼-繩又曰滉繩	그물코 강. [俗呼;강승(綱繩), 황승(滉繩)]
板	널	판		
漆	오칠	칠	俗呼黑-	옷칠 칠. [俗呼;흑칠(黑漆)]
礬	빅번	번	白-皀-	백반 반. 백반(白礬), 급반(皀礬)
黐	감탕	치	-膠所以粘鳥俗呼-竿	새끈끈이(새떡풀)치.점조(粘鳥:감탕나무과, 새잡이 풀)에서 나오는 치교(黐膠 끈끈이풀) [俗呼;치간(黐竿)]

形	訓	音	註	풀이
桎	두드레	딜	足械	족쇄(足鎖) 질. 족계(足械)
梏	두드레	곡	手械	수갑(手匣) 곡. 수계(水械)
枷	길	가	俗呼長-團-	차꼬(도리깨) 가. [俗呼;장가(長枷), 단가(團枷)]
杻	두드레	류	手械	수갑 추. 감탕나무 뉴.
鈦	죡쇄	태		족쇄 태.
銋	죡쇄	착		족쇄 착.
鐐	죡쇄	료		족쇄 료
笞	팃	틱		매질 태.
燈	현블	둥		등(불) 등
燭	쵸	촉		촛불 촉.
檠	둥겼	경		등잔 경.
篝	쵸롱	구	燈籠亦曰-又焙籠	초롱 구. 등롱(燈籠)을 구(篝)라고도 함. / 배롱(焙籠;화로 위에 씌워 불 쬐는 기구)
煤	돌숫	미	又灰集屋者曰炲-	그을음 매. / 재가 집안에 자욱한 것을 태매(炲;그을음)라 함.
炭	숫	탄	木根燒者曰骨董炭	숯 탄. 나무뿌리를 태운 것으로 골동탄(骨董炭)이라 함.
炬	홰	거		횃불 거.
爐	화롯	로	俗呼火牀又爐冶	화로 로. [俗呼;화상(火牀),로야(爐台)]

形	訓	音	註	풀이
蓑	누역	사	俗稱蓑衣	도롱이 사. [俗稱:사의(蓑衣)]
笠	갇	립	俗呼蒻笠삳갓又曰斗篷	삿갓 립. [俗呼:약립(蒻笠)];삿갓. / 두봉(斗篷)으로 불림.
潢	홈	홍		대 홈통(통발) 홍.
筧	홈	현	以竹通泉俗呼水筧	대 홈통 현. 대나무로 물길을 이은 것. [俗呼:수견(水筧)]
桔	을자쇄	길		두레박(도라지) 길.
槹	을자쇄	고	桔-用於河俗呼水車	두레박 고. 길고(桔槹)는 강에서 사용. [俗呼:수차(水車)]
轆	을자쇄	록		도르래 록.
轤	을자쇄	로	轆轤用於井俗呼同	도르래 로. 녹로(轆轤)는 우물에서 사용. [俗呼:동(同)]
椹	버텅	심		받침대(다음잇돌) 심.
櫍	버텅	질		받침대(다음잇돌) 질.
扇	부체	션	自關而西謂之-今京外通稱	부채 선. 대관령(關) 이서(以西)지방에서 선(扇:부채)이라 부르며, 요즘 서울이외 지역의 통칭.
箑	부체	삽	自關而東謂之-今未聞	부채 삽. 관동(關東)지방에서 삽(箑)이라 불렀는데, 요즘 안 쓰임.
鈹	돗바놀	피	俗稱鈹針	돗바늘 피. [俗稱:피침(鈹針)]
鉤	낛	구		낚시(갈고리) 구.
鍘	작도	찰		작두 찰. [俗呼:찰도(鍘刀)]
钂	담하	찬	俗呼魚叉又呼-稍	작은창 찬. [俗呼:어차(魚叉), 찬삭(钂稍)]:작살

形	訓	音	註	풀이
鐮	낫	렴	國音겸俗呼鐮刀	낫 겸. 우리말音;겸. [俗呼;겸도(鐮刀)]
釤	낫	삼	大鐮	낫 삼. 큰 낫.
鍥	낫	결	小鐮	낫 결. 작은 낫.
銍	낫	딜	詩-刈	낫 질. 《詩》질예(銍刈); <傳> 銍刈, 謂之禾穗 ;질예(풀을 베다)는 벼 이삭을 이른다.
鑢	줄	려		쇠줄 려.
鐋	비탕	탕		대패 탕.
銼	줄	차	俗呼銼子	(쇠갈이)줄 좌. [俗呼;좌자(銼子)]. / 가마솥.
鏟	거훔한	산	又長柄鋤亦曰脚-	대패 산. / 자루 긴 호미(鋤서) / 각산(脚鏟:쇠스랑)이라고도 함.
鉗	집게	겸	俗呼-子	집게 겸. [俗呼;겸자(鉗子)]
鎚	쇠마치	퇴	俗呼鐵槌	쇠망치 퇴. [俗呼;철퇴(鐵槌)]
坩	도관	감		도가니 감.
堝	도관	과	坩堝燒鍊金銀器	도가니 과. 감과(坩堝). 쇠를 녹여 달구는 그릇.
鎖	즈물쇠	쇄	俗稱 -子又獄具	자물쇠 쇄. [俗稱;쇄자(鎖子)]. / 감옥의 형벌 도구
鍉	열쇠	시	俗稱鑰鍉通作匙	열쇠 시. [俗稱;약시(鑰鍉)]. 보통 시(匙)로 적음.
鍵	쇳속	건	俗呼鎖鬚	자물쇠 건. [俗呼;쇄수(鎖鬚)]
鑰	열쇠	약		열쇠 약.

形	訓	音	註	풀이
鉋	글게	포	俗呼-子又듸파曰推-	대패(긁개) 포. [俗呼;포자(鉋子)] / 대패를 추포(推鉋) 라 함.
䈼	먹갈	침	俗稱墨-	먹칼 침. [俗稱;묵침(墨䈼)]. 먹자.
杇	흙손	오	亦作圬又塗墁也	흙손 오. '오(圬)'로도 씀. / 도만(塗墁;진흙 칠)의 뜻.
鏝	쇠손	만	俗稱泥-又받개曰泥托	쇠흙손 만. [俗稱;니만(泥鏝)]. / 받개를 니탁(泥托;흙받침개)이라 함.
錛	항괴	분	俗呼-子	자귀 분. [俗呼;분자(錛子)]
鋸	톱	거	俗呼-兒	톱 거. [俗呼;거아(鋸兒)]
斧	도치	부	俗呼-子	도끼 부. [俗呼;부자(斧子)]
鑿	뚤	착	俗呼-子又稱掘-	끌 착. [俗呼;착자(鑿子), 굴착(掘鑿)]
鋤	호미	서	小曰-	호미 서. 작은 호미를 서(鋤)라 이름.
钁	호미	확	大曰-	호미 확. 큰 호미를 확(钁)이라 함.
鎡	호미	즈		호미 자.
錤	호미	긔	孟子鎡-	호미 기. 《孟子》亦作鎡錤 古代的鋤頭 '鎡錤'로도 적으며 옛날의 호미
鐃	요령	요		요령(鐃鈴) 요. 놋쇠방울 鍾
鈸	바라	발	俗呼銅-	(자)바라 발. [俗呼;동발(銅鈸)]
鈴	방올	령	俗呼-鐺	방울 령. [俗呼;령당(鈴鐺)]
鐸	요령	탁	有柄有舌者	요령 탁. 손잡이와 혀(舌)가 달린 것.

形	訓	音	註	풀이
網	그믈	망		그물
罟	그믈	고		그물
罾	그믈	증	俗稱打拎-들그믈티다	그물. [俗稱타분증(打拎罾)]; 들그물치다.
罝	그믈	져	詩兎罝	그물 저. 《詩》肅肅兎罝 (숙숙토저) : 튼튼하고 촘촘한 토끼그물
簄	통발	호		통발.
罶	통발	류		
筍	통발	구	俗呼下梁	[俗呼;하량(下梁)]
籗	통발	곽	亦作筈	착(筈)으로도 적음.
耒	싸보	리	柄曲木曰-	가래 뢰. 손자루가 휜 나무를 뢰(耒)라 이름.
耜	싸보	스	耒端刃曰-	가래 사. 쟁기 끝 칼날을 사(耜)라 이름.
鏵	별	화	俗呼-子	가래삽 화. [俗呼;화자(鏵子:쌍날가래)]
犁	보	례	又稱보십曰-頭又把-발외又駁牛又耕也	쟁기 려. / '보습'을 려두(犁頭)라 칭함 / 파려(把犁)를 '발외'라 함. / 박우(駁牛;얼룩말) / 경(耕;밭 갈음)의 뜻.
彈	별	탄	鼓瓜又糾也又去聲-丸	튈(튕길) 탄. 고과(鼓瓜:과일). / 규(糾:꼬다)의 뜻. [去聲;탄환(彈丸)]
矰	주살	증		주살 증.
弋	주살	익		
繳	주살	작	又上聲音皎袂衣也吏語繳報미몰오다	주살 작. / [上聲교(皎)音; 질의(袂衣:칼전대)의 뜻. [吏文語;작보(繳報):미몰오다]

形	訓	音	註	풀이
鍫	삽	쵸	俗呼鐵-	삽 추. [俗呼;철추(鐵鍫)]
鍤	삽	삽		삽 삽.
杷	서흐레	파	農器又俗呼鐵杷쇼시랑	써레 파. 농기(農器). / [俗呼;철파(鐵杷)]쇠시랑
枚	가래	흠	俗呼木-又鐵-	가래 흠. [俗呼;목흠(木枚); 철흠(鐵枚)]
耞	도리채	가	俗呼連-	도리깨 가. [俗呼;연가(連耞)]
耬	긱	루	耕畦犁	보습 루. 밭갈이 쟁기
磟	번디	록	以石爲之	곰배 육. 돌로 만듦.
碡	번디	독	以石爲之俗呼磟-又音軸	곰배(고무래) 독. 돌로 만듦. [俗呼;육독(磟碡)]. / 축(軸)音
綜	잉아	종	俗呼綜線	잉아(베틀의 굵은 실) 종. [俗呼;종선(綜線);실 고름용 줄]
緯	놀	위		날줄 위.
機	틀	긔	俗呼機張	틀 기. [俗呼; 기장(機張)]
滕	도토마리	숭	俗呼機頭	도투마리 승. [俗呼; 기두(機頭)]; 말코(길쌈 할 때 짜 놓은 피륙을 감는 대
帵	헝것	완	俗呼-片	헝겊 완. [俗呼;완편(帵片)]
繃	최	붕	俗呼-子	붕대 붕. [俗呼;붕자(繃子)]
匹	흔필	필	又配也	1필(匹) 필(너비단위). / 배(配 배우자, 짝)의 뜻.
幅	흔복	복		1폭(너비단위) 폭(단위).

形	訓	音	註	풀이
桴	북	부		북 부.
梭	북	사	今呼-兒	북(베틀) 사. 요즘은 사아(梭兒)로 부름.
篏	ᄇᄃᆞᆯ	구	俗呼-兒	바디(베틀) 구. [俗呼;구아(篏兒)]
筬	ᄇᄃᆞᆯ	성	俗呼ᄇᄃᆞᆯ집曰-筐	바디집(베틀) 성. 바디집을 성광(筬筐)이라 함.
榬	어르	원		얼레(실 감는 막대) 원.
籰	어르	약	俗稱-子	얼레 확. [俗稱;확자(籰子)
杼	북	뎌	譯語지남(指南)云運ᄇᄃᆞᆯ집	북(베틀) 저. [譯語; 지남(指南;나침반) ;바디집]
柚	몰숨	특	俗呼軸音抽	바디(베틀) 축. (유자나무 유) [俗呼;축(軸)音은 추(抽)]
篲	뷔	슈		비(빗자루) 수.
箒	뷔	츄	俗呼掃-又稱밋뷔曰茗帚	빗자루 추. [俗呼;소추(掃帚)] / '밋뷔'를 초추(茗帚)라 이름.
刀	갈	도		칼 도.
鞘	가플	쇼	又音소鞭-	칼집(꺼풀) 초. 소音. 편소(鞭鞘;채찍)
瓦	디새	와	仰瓦암 童瓦수 猫頭마고리又花頭	기와 와. 앙와(仰瓦;암키와) 동와(童瓦;수키와) 묘두(猫頭);마구리. / 화두(花頭 막새)
甎	벽	젼		벽돌 전.
瓴	벽	령		벽돌 령.
甓	벽	벽		벽돌 벽.

形	訓	音	註	풀이
棍	막대	곤	俗呼-子	막대(몽둥이). [俗呼;곤자(棍子)]
棒	막대	방	俗呼-子	막대 봉. [俗呼;봉자(棒子)]
椎	마치	퇴	棒椎방마치	방망이(몽치) 추. 봉추(棒椎); 방망이
楔	쇠야기	셜	又門楔	쐐기 설. / 문정(門楔;문설주)
橛	말	쟝		말뚝 장.
橛	말	궐		말뚝 궐.
椓	말	탁		말뚝 탁.
杙	말	익		말뚝 익.
筲	통	쇼		통 소.
桶	통	통	俗稱水-	통. [俗稱;수통(水桶); 물통
綆	드레줄	경	俗呼井繩	두레박줄 경. [俗呼;정승(井繩)]
繘	드레줄	휼		두레박줄 휼.
瓷	츠긔	즈	俗呼-器	도자기 자. [俗呼;자기(瓷器;사기그릇)]
缶	딜	부		질그릇(장군) 부.
坯	놀디새	빈	俗呼瓦未燒者曰-瓦	날기와 부. [俗呼;아직 굽지 않은 기와를 배와(坯瓦)라 함]
墼	흙벽	격	俗呼土-	흙벽 격. [俗呼;토격(土墼)]

形	訓	音	註	풀이
棗	밥쥭	쵸	亦作枓卽飯舌一名(木籤)音妾	밥주걱 초. 소(枓)로도 적음. 즉, 반삽(飯舌:밥 삽). 일명 첨. 첨(妾)音
杓	나므쥭	쟉	俗呼木曰橋杓銅曰銅杓섯 자曰漏杓	나무주걱 작. [俗呼; 나무면 마작(橋杓), 銅이면 동작(銅杓), 석자를 루작(漏杓:건더기만 건져내는 철망 주걱)이라 함.]
瓢	박	표		바가지 표.
蠡	박	례		바가지 례.
棊	바둑	긔	俗呼圍-	바둑 기. [俗呼;위기(圍棊)]
弈	쟝긔	혁	一云圍棊	장기 혁. 한편 위기(圍棊)라 함.
骰	쇄ㅅ	투		주사위 투.
枰	판	평	棋局也俗呼碁盤	바둑판 평. [俗呼;기반(碁盤)]
丈	닮	댱	十尺爲丈	1길 장(단위). 10자(尺)=1길(丈)
枴	갈공막대	괘	俗呼-棒老者所持	지팡이 괘. [俗呼;괴봉(枴棒):늙은이 지팡이.
笻	막대	공	俗呼拄杖	막대기 공. [俗呼;주장(柱杖(拄杖))]
杖	막대	댱	又笞杖刑具	지팡이(막대) 장. / 매를 치는 형구(刑具)
碫	붓돌	단		부싯돌 단.
礪	붓돌	례		부싯돌 례.
砥	붓돌	지		부싯돌 지.
硎	붓돌	형	俗呼磨石	부싯돌 형. [俗呼;마석(磨石)] ; 맷돌.

形	訓	音	註	풀이
鞦	글위	츄	又與鞧同	그네 추. / 쥬(鞧 밀치끈)과 한가지.
韆	글위	쳔	俗呼鞦-又呼半仙戱遊仙遊	그네 천. [俗呼;추천(鞦韆)] / 반선희유(半仙戱遊;그네뛰기). 선유(仙遊)라 부름.
毬	댱방올	구	俗呼衮-踢-卽古蹋鞠之戲	공 구. [俗呼;곤구(衮毬), 척구(踢毬)] 즉, 옛날 축국(蹴鞠)놀이.
毛毛	뎌기	견	小兒踢者俗呼踢-子	제기 견. 어린이가 발로 차는 것. [俗呼;천견자(踢毽子)]
盂	다야	우		대야 후.
鉢	바리	발	俗呼僧家飯器曰-盂	바릿대 발. [俗呼;승가반기(僧家飯器;승려의 밥그릇)]를 발우(鉢盂)라 함.
塔	탑	탑	俗呼塔兒	탑. [俗呼;탑아(塔兒)]
龕	장	함	佛座下設	감실(龕室) 감. 부처를 모신자리 아래다 둠.
廐	오희양	구	俗呼馬房	외양간 구. [俗呼;마방(馬房;마굿간)]
櫪	구싀	력	俗呼馬槽	구유(구시) 력. [俗呼;마조(馬槽;말구유)]
柳	몰말	앙	俗呼馬樁	말말뚝 앙. [俗呼;마장(馬樁;말말뚝)]
篼	몰메	도	又婦女肩輿亦曰-子	말구유 도. / 부녀자의 견여(肩輿;어깨로 매는 것) 두자(篼子;부리망)라 이름.
蕢	산태	궤	俗呼糞斗	삼태기 궤. [俗呼; 분두(糞斗;오물삼태기)]
畚	산태	본	盛土草器	삼태기 분. 성토초기(盛土草器;흙이나 풀을 담는 그릇)
篚	광조리	비	方曰-圓曰篚	광주리 비. 모난 것을 광(筐), 둥근 것을 비(篚)라 이름
函	함	함	又與(乜函)同	함(상자) 함. 쇠로 만든 함과 한가지.

形	訓	音	註	풀이
				食饌 (식 찬)
飯	밥	반	炊穀熟者又飲也	밥 반. 곡식에 불을 데워 익힌 것. / 음(飲:마시다)의 뜻임.
食	밥	식	飲食又啖也又音四亦作飼飤以食食人也	음식(飲食). 담(啖:먹다). / 새(四)音. 새(飼)로 도 적음. 새(飤)는 사람을 먹이로 함=식인(食人)
饔	밥	옹	熟食又割烹煎和之稱又廚也	숙식(熟食:익은 음식)/ 음식재료를 가르고 삶고 졸여 간을 맞춤을 이름/ 주(廚:부엌)의 뜻
飧	믈뭇밥	손	水和飯又夕食又河北呼食曰飧	물만밥 손. 수화반(水和飯:물만밥)/ 석식(夕食) / [河北呼; 식(食)을 손(飧)]
餚	안쥬	효		안주 효.
饌	반찬	찬	俗呼饌需	반찬거리. [俗呼;찬수(饌需)]
膳	반찬	션	俗作膳	반찬 선. [俗,선(膳)으로 적음]
饈	차반	슈	通作羞	보통 수(羞)로 적음.
餛	만두	혼		
飩	만두	둔	餛-卽변시	만두 돈. 혼돈(餛飩). 즉 '변시'
餕	썩소	산	通作酸又音俊食餘	떡찌기 산. 보통 산(酸)으로 적음 / 산(俊)音. 식여(食餘:음식찌꺼기)
餡	썩소	함	俗呼餕-	떡찌기 함. [俗呼;산함(餕餡)]
餺	나화	박		수제비 박.
飥	나화	탁	食料纂要餺-나화	수제비 탁. 《食料纂要》;박탁(餺飥):나화
饅	상화	만		만두 만.
餀	상화	투	俗呼饅頭通作頭俗呼小者曰박박餺餺	만두 투. [俗呼;만두(饅頭)]/ 보통 두(頭)로 적음. [俗呼;적은 것: 박박(餺餺)]

形	訓	音	註	풀이
餠	썩	병		떡 병.
餌	썩	ᅀᅵ	又藥餌又낛밥曰釣餌	떡밥 이. / 약이(藥餌:약되는 음식) / 낚밥; 조어(釣餌)라 함.
瓷	츳썩	ᄌᆞ		찰떡 자.
餻	썩	고	俗呼瓷-츳썩	떡 고. [俗呼;자고(瓷餻)] 찰떡(인절미)
糜	쥭	미		죽 미.
粥	쥭	쥭	稀曰粥	죽 죽. 묽은 죽을 죽(粥)이라 함.
饘	쥭	젼	厚曰-	죽 쳔. 차진 죽을 천(饘)이라 함.
漿	댱쉬	쟝	熟粟米爲之	된장 장. 좁쌀을 삶아 만든다.
糙	조미	조		거친쌀 조.
糲	조미	랄	米不精	거친쌀 려. 정제(精製)하지 않은 쌀.
米	뿔	미		쌀 미.
粒	뿔	립		낟알 립.
麨	미시	쵸	俗呼초麨麵亦作(麥酋)(食少)(麥召)秒	보릿가루 초. [俗呼;초, 초면(麨麵)] / (초麥酋)(초食少),(초麥召)사(秒)로 적기도.
糗	미시	구	乾飯屑	미숫가루 구. 마른밥가루
糇	미시	후	乾食	미숫가루 후. 마른밥가루
粮	량식	량	穀食今謂納稅曰一糧納戶曰糧長	양식 량. 곡식(穀食). 지금 납세(納稅:납세액)를 일량(一糧), 납호(納戶:납세자)을 양장(糧長)이라 함.

形	訓	音	註	풀이
醋	초	초		식초 초.
醯	초	혜		식초 혜.
醢	젓	히	肉醬	젓갈 장 해. 육장(肉醬:간장에 졸인 고기반찬)
鮓	젓	자	俗呼魚-	젓갈 자. [俗呼;어자(魚鮓)]
膾	횟	회	俗呼打生	날고기 회. [俗呼;타생(打生)].
炙	적	적		고기구울 적.
羹	깄	깅		국 갱.
湯	탕	탕	又더울탕又去聲熱水灼之也	끓일 탕. / 데울 탕. / [去聲 뜨거운 물로 끓이다]
虀	치	제	檮辛物爲之	양념 제. 매운 것을 버무려 만듦.
豉	전국	시	俗呼豆豉	청국장 시. [俗呼;두시(豆豉)[
油	기름	유	俗呼香油춤기름蘇油들기름	기름 유. [俗呼;향유(香油):춤기름. (소유)蘇油:들기름]
醬	쟝	쟝	俗呼甜醬돈쟝油근쟝	장 장. [俗呼; 첨장(甜醬):단장. (유)油:간장]
糤	차슈	산	俗呼-子傘亦作饊	산자 산. [俗呼;산자(糤子)] '산(饊)'으로도 씀.
餳	엿	성	稀者爲-	엿 성. 묽은 것을 성(餳)이라 함.
飴	엿	이	汎稱糖餭	엿 이. [汎稱 당고(糖餭)]
糖	엿	당	凝者爲-又賁	엿 당. 엉긴 것을 당(糖)/ 재(賁)라 함.

形	訓	音	註	풀이
酒	술	쥬		술 주.
醴	단술	례	俗呼甛酒	단술 례.
醱	전술	발		전술(술익을) 발.
醅	전술	빈	俗稱醅酒다몰기술 酒未漉룩曰醱醅	전술(술익을) 배. [俗稱 배주(醅酒:뜨물기술] 아직 거르지 않은 술을 발배(醱醅)라고 함.
醪	탁쥬	료	俗呼混酒	탁주 료. [俗呼;혼주(混酒 흐린 술)]
醾	술밑	미		밑술 매.
酵	서김	교	俗呼–頭又酒–	삭힐 효. [俗呼;효두(酵頭), 주효(酒酵)]
麴	누룩	국	俗呼酒–	[俗呼;주국(酒麴)]
湩	타락	동		젖 동.
酪	타락	락		쇠젖 락.
酥	타락	소	酪之精油	연유 소. 쇠젖을 정제한 것.
蜜	술	밀	俗呼蜂–	꿀 밀. [俗呼;봉밀(蜂蜜)]
鯗	무른조기	샹		마른조기 상.
脯	보육	포		말린고기 포.
腊	보육	석	有骨者	말린고기 석. 뼈째 말린 것.
肉	고기	육		고기 육.

形	訓	音	註	풀이
䑍	적	경	䑍額	소금물 경. 차액(䑍額:소금물)
䤅	소곰	자		소금 차.
鹽	소곰	염	煮海爲-人生曰鹽 又好也	소금 염. 바닷물을 달여 소금으로 만듦. 인생을 소금이라 함. / 호(好:좋다)의 뜻.
滷	근슈	로	俗呼滷로水天生曰滷	간수 로. [俗呼;로수(滷水)] 자연산 소금을 로(滷)라 함.
皶	비지	자		비지 지.
葅	딤치	조	醃菜爲葅	김치 조. 채소를 절여 조(葅)를 만듦.
糝	쥭심	참	凡米粒和羹皆曰糝	암죽 삼. 무릇 쌀알 섞은 국을 참(糝)이라 함.
臛	고기탕	확	羹以菜爲主以肉爲主-	고깃국 확. 갱(羹)은 채소 위주 / 확(月霍)은 고기 위주.
麵	ᄀᆞᄅ	면		가루 면.
麩	기울	부	俗呼-皮	밀기울 부. [俗呼;부피(麩皮)]
麫	ᄀᆞᄅ	말		가루 말.
糏	ᄀᆞᄅ	설	亦作糏	가루 설. 설(糏)로도 적음
茶	차	다		
茗	차	명	晩收爲茗	늦게 딴 차.
糟	쥐여미	조	酒糟	찌게미 조.
粕	쥐여미	박		찌게미 박.

形	訓	音	註	풀이
			服 飾 (복 식)	
冠	곳갈	관	又去聲加冠於首曰冠	고깔 관. / [去聲: 머리에 모자를 얹는 것을 관(冠)이라 함]
冕	곳걸	면	王冠	왕관 면. 왕관(王冠)
幞	복도	복	俗呼–頭	복건 복. [俗呼;복두(幞頭)]
弁	복도	변		고깔 변.
巾	곳갈	건	又슈건건	두건 건. / 수건 건.
帽	갇	모	又감토曰小–又사모 曰紗–	갓 건. / 감투를 소모(小帽), 사모를 사모(紗帽)라 함.
岾	곳갈	개		고깔 개.
幘	곳갈	적		고깔 적.
袍	관딕옷	포	朝服道–	관대옷 포. 조복(朝服), 도포(道袍)
裘	갓옷	구	俗呼皮(衣奐)	갗옷 구. [俗呼;피환(皮(衣奐))
衫	적삼	삼		적삼 삼.
裳	츄마	샹	男服.	치마 상. 남자 옷.
靴	훳	화		장화 화.
鞋	신	혜		신발 혜
履	신	리	禮服用俗呼禮靴	신발 리. 예복용(禮服用) [俗呼;예화(禮靴)
舃	신	석	禮服用	신발 석. 예복용(禮服用)

形	訓	音	註	풀이
裙	츄미	군	女服俗呼–兒	치마 군. 여자 옷. [俗呼;군아(裙兒)]
襴	주룸	간	裙襵上側爲襞積者	옷주름 간. 치마 위쪽에 주름을 잡은 것
褌	고의	군	短者犢鼻–잠방이 一名窮袴	잠방이 곤. 쇠 콧등에 채운 짧은 홑바지가 곤(褌):잠방이. 일명 궁고(窮袴)
袴	고의	고	又音과	잠방이 과. / 과음
韈	보션	말	又俗呼훠청 氊韈	버선 말. / [俗呼;훠청:전말(氊韈)]
鞥	운혜	옹	又횻옷亦曰– 俗呼 靴鞥	가죽신 옹. / 횻옷을 옹(鞥)으로도 부름. [俗呼;화요(靴鞥)]
襞	주룸	벽	細者曰細褶	옷주름 벽. 가는 것을 세습(細褶;가는 주름)이라 함.
積	주룸	적	裙積曰板褶	옷주름 적. 치마가 포개진 것을 판습(板褶)이라 함.
袪	소매	거		소매 거.
袂	소매	예		소매 예(袂).
袬	소매	익		소매 액
袖	소매	슈		소매 수.
袥	깃바대	탁	俗呼–肩	어깨받침 탁. [俗呼;탁견(袥肩)]
襠	고의밑	당	俗呼褌襠	속잠방이 당. [俗呼;곤당(褌襠;가랑이 짧은 홑바지)]
楥	그옷	훤		신골 훤.
屐	격지	극	木屐	나막신 극. =목극(木屐)

形	訓	音	註	풀이
帕	슈건	파	一云首飾卽帩頭也	수건(머리띠) 파. / 머리장식=조두(帩頭)
帨	슈건	세		수건 세.
衾	니블	금		이불 금.
被	니블	피	單−曰臥單	이불 피. 단피(單被·홑이불)를 와단(臥單)이라 함.
紳	씌	신	公服用	띠 대. 관복용(官服用) 띠.
帶	씌	디	又골홈及긴흘皆曰帶子	띠 대. / 옷고름 및 긴 홀. 모두 대자(帶子)라 함.
銙	씟돈	과	俗呼板兒	띠쇠 과. [俗呼;판아(板兒)]
鞓	바탕	뎡	俗呼帶−亦作(革廷)	가죽띠 정. [俗呼;대정(帶鞓)] / 정(革廷)으로도 적음.
笏	홀	홀	俗稱手簡牙者曰牙笏	홀 홀. [俗稱手簡牙者를 아홀(牙笏)]
佩	노리개	패	亦作珮	'패(珮)'로도 적음.
絛	셰툿	됴	俗呼−兒細−曰呂公−總稱繫腰	끈 조. [俗呼;조아(絛兒),세조(細絛)] 여공조(呂公絛)는 계요(繫腰·허리띠)를 총칭(總稱)
繸	수슉	슈	俗呼−兒	인끈 수. [俗呼;수아(繸兒)]
紐	수돌마기	뉴	俗呼−子又系也	숫 달마기(단추) 뉴. [俗呼;뉴자(紐子)]/ 계(系;잇다)의 뜻.
絇	암돌마기	구	俗呼−兒	암 달마기(단추) 구. [俗呼;구아(糸口兒)]
緌	긴	슈	冠緌結餘下垂者	갓끈 유. 갓끈을 묶은 나머지가 아래로 늘어진 것.
纓	긴	영	又쉬리曰−兒又솟동曰−凡以絳毛爲兵飾者皆曰−	갓끈 영. / 꾸리 ;영아(纓兒)/ 솟동; 영범(纓凡)이라 함. 붉은 깃털로 군대를 장식한 것을 모두 영(纓)이라 함.

形	訓	音	註	풀이
袈	가사	가		가사(袈裟) 가.
裟	가샷	사	袈-僧家法服	가사 사. 가사는(袈裟)는 승가(僧家)의 법복(法服)임.
衲	눕더기	납	僧呼-襖	장삼 납. [僧呼;납오(衲襖)] 승려의 겉옷.
襖	옷	오	俗總稱男女服曰-子	웃옷 오. [俗;남녀 옷을 총칭(總稱)하여 오자(襖子)라 함]
襁	보로기	강		포대기 강.
褓	보로기	보		포대기 보.
褯	깃	쟈	俗呼-子	기저귀 자. [俗呼;자자(褯子)]
褙	보로기	붕	俗呼-子	포대기 붕. [俗呼;붕자(褙子)]
領	옷깃	령	又목령又管-統領	/ 목 령. / 관령(管領 도맡아 다스림), 통령(統領 통솔)
襋	옷깃	극		
襟	옷깃	금	又기슭금俗呼底-앉기슭	/ 옷 기슭 금. [俗呼;저금(底襟):안자락]
袵	기슭	심	又衣領	옷섶 임. / / 옷깃
袷	겹옷	협	-衣	겹옷 겹. 겹의(袷衣)
禪	호읫옷	단	單衣	홀옷 단. 단의(單衣홀옷, 솟옷)
縕	놀근소옴	:온	舊絮爲-	헌솜 온. 묵은 솜.
襺	핟옷	견	新綿爲-又衣有着者	새솜 옷 견. 새 솜으로 견(襺)을 만듦. / 옷을 입은 것

形	訓	音	註	풀이
絲	실	亽	蚕吐爲-	실 사. 누에가 토한 것으로 실(絲)을 잣는다.
線	실	션	合絲爲-	실 선. 실을 꼬아 선(線)을 만듦.
縷	뵛오리	루	布-又絨綫아니뷘 니근실	실올 루. 포루(布縷가늘고 설핀 명주)/ 융선(絨綫가는 솜털 베): 아니 베게 잇은 실(!)
纑	뵛오리	로		무명실 로.
纊	소옴	광		솜 광.
絮	소옴	서	又柳花亦曰柳-	솜 서. / 유화(柳花:버드나무꽃)을 유서(柳絮)라 함.
緜	소옴	면	俗呼柳花去其子者 曰花絨	솜 면. [俗呼;유화(柳花)] 그 씨를 제거한 것을 화융(花 絨솜털)이라 함
繭	고티	견	俗呼蚕-	누에고치 견. [俗呼;잠견(蠶繭)]
簪	빈혀	줌	禮服用漢俗音장- 子	비녀 잠.
笄	빈혀	계	女用	비녀 계. 여자용.
鎞	동곳	비	單股者	동곳(비녀) 비. 홑 가닥 비녀.
釵	동곳	차	雙股者	동곳 차. 쌍 가닥 비녀.
珥	귀엿골 회	:싀		귀고리 이.
璫	귀엿골 회	당	俗呼耳墜兒又呼耳 環	귀고리 당. [俗呼;이수아(耳墜兒)]/ 이환(耳環 귀고리)
釧	풀쇠	천	俗呼臂-又曰環-	팔찌 천. [俗呼;비천(臂釧), 환천(環釧)]
環	골회	환	圓成無端者俗呼指 -가락지又曰戒指 兒	고리 환. 원을 이루어 끝이 없는 것. [俗呼;지환(指環)]: 가락지. / 계지아(戒指兒)라 함.

形	訓	音	註	풀이
脂	기름	지		기름 지.
膏	곱	고		기름 고.
絪	연지	연		
㰌	연짓	지	亦作胭脂	연지 지. 연지(胭脂)로도 씀.
髲	둘외	피	俗呼頭髲	다리(덧댄 머리) 피. [俗呼;두피(頭髲)·가발)]
髢	둘외	톄	亦作-	다리(덧댄 머리) 체. 치(鬄)로도 씀.
髻	샹투	계	又冠曰髺-	상투 계. / 갓을 체계(髺髻)라 함.
鬟	머리	환	女屈髮爲-又丫-져믄간나히又曰丫頭	머리 쪽질 환. 여자의 머리카락을 따 환(鬟)을 만든다. / 아환(丫鬟); 젊은 갓난이 머리, / 아두(丫頭;갈래 머리)라 함.

舟 船 (주 선)

形	訓	音	註	풀이
舟	비	쥬		배 주.
舩	비	션		배 선. =船
艇	비	뎡		배 정.
艘	비	수	數舩曰-	배 척. 배를 세는 단위: 척(艘).
帆	빗돗	범	船上風席	돛 범. 배 위의 돛 자리
篷	빗돗	봉	俗呼桅--一云船上棚亦呼船-	돛 봉. [俗呼;위봉(桅篷)·선봉(船篷)] -선상붕(船上棚).
桅	빗대	위	小曰-桅俗呼-竿	돛대 위. 작은 돛을 위(桅)라 함. [俗呼;위간(桅竿)]. 장대.
檣	빗대	쟝	大曰-	돛대 장. 큰 돛을 장(檣)이라 함.

形	訓	音	註	풀이
纜	닫줄	람	所以維船	닻줄 람. 배를 묶어두기 위함.
碇	닫	뎡	漢人亦曰鐵錨亦作矴	닻 정. [漢人;철묘(鐵錨 쇠닻)]. 정(矴)으로도 적음.
艣	놋	노	俗稱搖-盪槳通作櫓亦作艪	삿대 노. [俗稱;요노(搖艣), 탕장(盪槳)] 보통 노(櫓) / 노(艪)로 적음.
舵	밋	타	國語又呼치亦作柂	배키 타. [우리말; 키] 타(柂)로도 적음.
簿	뻬	패	大桴北方呼-	뗏목 패. 대수(大桴 큰 뗏목). [北方호칭;패(簿)]
筏	뻬	벌	南方呼-	뗏목 벌. [南方호칭;벌(筏)]
舫	빅드리	방	合船爲梁	배다리 방. 배 여러 척을 묶어 만든 다리.
航	빅드리	항	合船爲梁	배다리 항. "
篙	사횟대	고	俗呼-子又撑子	상앗대(삿대) 고. [俗呼;고자(篙子), 탱자(撑子)]
戽	푸개	호	俗呼戽斗	두레박(물 푸게) 호. [俗呼;호두(戽斗)]
舥	빅	파	脚船	배다리 파.
舠	빅	도	艍舠船	배 도. 거도선(艍舠船: 거룻배와 같은 작고 빠른 병선)
橈	빗	슈	短曰-	배 요. 짧은 노를 요(橈)라 함
楫	빗	즙	長曰-亦作檝	노(배 젖는 막대) 즙. 기다란 노를 즙(楫)이라 함. 즙(檝)으로도 적음.
棹	빗	도	亦作櫂	노(상앗대) 도. 도(櫂)로도 쓴다.
槳	빗	쟝	又所以隱棹者	노 쟝. / 감춰둔 노.

形	訓	音	註	풀이
舷	빗시울	현		뱃전(양옆 가장자리) 현.
艄	빗고물	쵸		뱃 꽁지(배 끝부분) 초
舳	빗고물	튝	船後持拖處	뱃 꽁지(머리) 축. 배 뒤에 잡아끄는 곳.
艫	빗니물	로	船頭刺櫂處	뱃머리 로. 뱃머리 뾰족한 노 있는 곳.
艦	빅	함	戰艦	배 함. 전함(戰艦:싸움배)
舶	빅	빅	海中大船	배 박. 해중대선(海中大船); 바다에 큰 배
艚	빅	조	小船	배 조. 소선(小船); 작은 배.
艑	빅	편	小舩	배 편. 작은 배.

車輿 (거여)

形	訓	音	註	풀이
車	술위	거	又音챠	수레 거. / '차'音
輛	술위	량	數車曰-	수레 량. 수레를 세는 단위; 량(輛)
輜	술위	츼	載物車	짐수레 치. 물건을 실어 나르는 수레.
軿	술위	병	婦人車	수레 병. 귀부인용 수레
轎	교츳	교	有屋者又籃輿肩行者亦曰-	가마 교. 지붕이 단 수레. / 람여(籃輿:의자형 가마)로 어깨로 매고 가는 것도 교(轎)라 함.
輿	술위	여	肩行者	수레 여. 어깨로 매고 가는 것.
輅	술위	로	五輅君用	수레 로. 5두 마차, 임금용 수레.
輦	술위	련	人馬備駕君用	수레 련. 마부와 말이 딸린 임금용 수레.

形	訓	音	註	풀이
轓	술윗란간	번	俗呼車箱又水車曰-	수레난간 번. [俗呼;차상(車箱)] / 水車(물수레)를 번(轓)이라 함.
轅	늣룻	원	左右長條	수레나룻 원. 수레 양쪽의 긴 막대
軛	늣룻머리	익	駕項曲處	수레 채끝(멍에) 액. 멍에 뒤쪽에 목이 굽은 곳
輈	늣랏머리	듀	左右餘者又轅也	수레 채끝(멍에) 주. 수레 양쪽 말미. / 원(轅;수레나룻)
輨	갈모	관	俗呼車釧轂端鐵	[俗呼;거천(車釧)] 곡단철(轂端鐵;바퀴 끝 쇠)
轄	쇠야기	할	俗呼轄子車軸頭鐵	비녀장 쇠. [俗呼;할자(轄子)] 차축두철(車軸頭鐵;차축머리 쇠)
軸	통	튝	俗呼車軸其兩-橫貫之木曰車轄	굴대 축. [俗呼;차축(車軸)] 양쪽 바퀴에 가로로 꿴 나무를 거할(車轄;비녀장)이라 함.
轂	통	곡		바퀴통 곡.
輻	돌고지	요	亦作(요車ㅆ缶)又使者車曰-	달구지 요.(요車ㅆ缶)로도 씀. / 심부름 수레를 곡(轂)이라 함.
輕	밀술위	강	中施一輪人所推俗呼車軸	밀수레 강. 가운데 한 바퀴를 달아 사람이 미는 것.[俗呼;거축(車軸)]
輪	바회	륜	俗呼輞子	바퀴 륜. [俗呼;망자(輞子)]
輔	도을	보	夾輪木所以備輻壞又頰骨也又助也	수레덧방나무 보. 바퀴에 끼는 나무로 바퀴살이 무너짐 방비(防備). / 협골(頰骨;광대뼈) / 조(助;돕다)의 뜻.
輞	바회	망	外圍俗呼 거망(車輞)	바퀴 망. 바퀴 테두리. [俗呼;거망(車輞)]
軬	바회	거	外圍	바퀴 거. 바깥둘레.
轑	살	료		바퀴살 료. 《정음(正音)》;노(老) 音]
輻	살	복		바퀴살 폭. [俗稱 폭조(輻條)]

形	訓	音	註	풀이
			鞍具(안구)	
鞍	기르마	안		안장 안.
轎	가지	교		말안장 턱 교.
韂	연좌슈	뎜	俗呼軟坐兒	연좌아 담. [俗呼;연좌아(軟坐兒)]
珂	숩핌	가	勒飾曰-	말 굴레장식 가(珂).
韂	돌애	쳠	俗呼馬韂亦作韂	말다래 첨. [俗呼;마첨(馬韂)]. 천(韂)으로도 적음
韂	어치	톄	俗呼-子通作替	언치 예. 조위(甲慰) 안장. [俗呼;예자(韂子)]. 보통 체(替)로 적음.
韄	고돌개	츄	俗呼-皮通作추鞦	밀치끈(안장 끈) 쭈. [俗呼;추피(鞦皮)]. 보통 추(鞦)로 적음.
韂	뎜불	쟝	俗呼甲兒又呼馬護衣	말다래 장. [俗呼;갑아(甲兒), 마호의(馬護衣;말 싸개)
鞚	굴에	공	俗呼牽鞚쥬리울	재갈 공. [俗呼;견공(牽鞚)];쥬리울
勒	굴에	륵	俗呼韁頭	재갈(굴레) 륵. [俗呼;롱두韁頭]
羈	굴에	긔	馬頭又반絆也	재갈 기. 말대가리. / 반(絆;얽애매다)의 뜻.
韁	굴에	롱	俗呼농두韁頭又草韁頭바굴에	굴레 롱. [俗呼;농두(韁頭), 초롱두(草韁頭)];바굴레
轡	셕	비	俗呼轡頭굴에	고삐(굴레) 비. [俗呼;비두(轡頭)];굴레
靶	셕	파	手執處	고삐 파. 손으로 붙잡는 곳.
靮	쥬리울	뎍		고삐 줄(쥬리울) 뎍.
韁	쥬리울	강	俗呼-繩	고삐 줄(쥬리울) 강. [俗呼;강승(韁繩)]

形	訓	音	註	풀이
銜	마함	함	俗呼嚼子又官吏階級曰-又含也亦作(口銜)	재갈 함. [俗呼;작자(嚼子)] / 관리의 계급(官吏階級)을 함(銜)이라 함. / 함(含;머금다)의 뜻. (口銜)으로도 적음.
鑣	마함	표	又呼水環	재갈 표. / 수환(水環)이라 함.
鐙	둥줏	둥	俗呼-子又曰鞍-	등자 등. [俗呼;등자(鐙子), 안자(鞍子)]
韂	둥피	졀	俗呼鐙-皮	등피(무두질한 가죽) 절. [俗呼;등절피(鐙韂皮)]
鞭	채	편	俗呼-子又曰挽子	채찍 편. [俗呼;편자(鞭子), 만자(挽子)]
檛	채	좌		채찍 좌.
箠	채	췌		채찍 추.
策	채	칙	又方-謀-	채찍 책. / 방책(方策), 모책(謀策)

軍 裝 (군 장)

形	訓	音	註	풀이
干	방패	간	俗呼旁牌求也水涯又(欄-)	[俗呼;방패(旁牌)]. 구(求)의 뜻. 수애(水涯;물가). / 난간(欄干)
櫓	방패	로	又城上屋亦曰-	방패 로. / 성(城) 위 지붕을 로(櫓)라 함.
盾	방패	슌	俗呼團牌亦作楯	방패 순. [俗呼;단패(摶牌 둥근 패)]. 순(楯)으로도 적음.
瞂	방패	벌	俗呼挨牌	방패 벌. [俗呼;애패(挨牌 밀치기 패)]
戈	창	과	單枝者	창 과. 한날 창.
矛	창	모	尖頭曲者	창 모. 뾰족 날로 굽은 것.
劍	환도	검	俗呼腰刀又曰環刀	환도 검. [俗呼;요도(腰刀), 환도(環刀)]
戟	창	극	雙枝者	쌍날 창 극.

形	訓	音	註	풀이
槍	창	창	俗呼長-短-	[俗呼;장창(長槍),단창(短槍)]
槊	긴창	삭		
鋒	놀	봉		칼날 봉.
鍔	놀	악	俗呼劍-	칼날 악. [俗呼;검악(劍鍔)]
鉀	갑	합	通作函孟子-人	갑옷 함. 보통 함(函)으로 씀. 《孟子》函人惟恐傷人(갑옷 만드는 이는 사람이 상처입을까 염려하니)
鋏	환도	협	俗稱長-	환도 협. [俗稱;장협(長鋏)]
鉞	도치	월	俗呼-斧	도끼 월. [俗呼;월부(鉞斧)]
鏚	도치	척	詩作戚干戈戚揚	도끼 척. 《詩》척(戚 도끼)라 적음;弓矢斯張 干戈戚揚(활과 화살을 펴고 창과 방패, 도끼를 휘둘러)
銃	호통	츙	俗呼火銃又曰銃筒	총(호통) 총. [俗呼;화총(火銃), 총통(銃筒)]
砲	셕탄즈	포	俗稱放砲	대포 포. [俗稱;방포(放砲)]
鼓	붑	고	又稱빅브른거슬皆曰鼓兒	북 고. / 배부른 것을 칭할 때, 모두 고애(鼓兒)라 함.
鼙	붑	비	馬上鼓	북 고. 마상고(馬上鼓)
甲	갑	갑	水銀-曰明-汎稱衣-	갑옷 갑. 수은갑(水銀甲); 명갑(明甲). [범칭(汎稱);의갑(衣甲)]
鎧	갑	개		갑옷 개.
冑	투구	듀	俗呼頭盔水銀-曰明盔又長也	투구 주. [俗呼;두회(頭盔)].수은주(水銀冑)를 명회(明盔)라 함. / 장(長·길다)의 뜻
鍪	투구	모	卽兜-	투구 무. =두무(兜鍪)

形	訓	音	註	풀이
弓	활	궁	角曰-	뿔활을 궁(弓)이라 함.
弧	활	호	木曰弧	나무활을 호(弧)라 함.
弩	소니	:노		쇠뇌 노.
弦	시울	현		활시위 현.
弰	활고재	쇼		활고자 소.
弭	고재	미	弓末又止也	활고자 미. 활 끝. / 지(止:그치다)의 뜻
弝	좀	파		줌통 파.
彄	활오늬	구		활고자 구.
抉	헐겁지	결		활깍지 결.
韘	헐겁지	섭		활깍지 섭
䪠	폴지	한		활팔찌 한.
韝	폴지	구	정	활팔찌 구. 활을 쏠 때에 활 쥔 팔의 소매를 걷어 매어 두는 띠
怔	솔관	정	射的 [巾변임]	과녁 정. 사적(射的)
帉	솔관	뎍	通作的或作(弓勺)射侯中正鵠	과녁 적. 통상 적(的)이라 적음. 더러 (弓勺)으로 씀. 사후중정곡(射侯中正鵠:과녁의 한 가운데 꼭지)
堋	무겁	붕	射埠	살받이터 붕. 사랄(射埠:과녁 뒤 경계 둑)
帿	솔	후	俗呼布塴	과녁 후. [俗呼:포붕(布塴:과녁용 베)]

形	訓	音	註	풀이
翎	살짓	령	箭羽又鳥	살깃 령. 전우(箭羽;화살 깃)/ 조(鳥;새)의 뜻
髆	고도리	박	俗呼–頭	화살 박. [俗呼;박두(樸頭;연습용 화살)]
髇	울고도리	호	俗呼響樸頭	우는살 효. [俗呼;향박두(響樸頭;울림살)]. 명적(鳴鏑;우는살).=효시(嚆矢)
骲	쎠고도리	박		뼈살촉 박.
鏃	살밑	족		화살촉 족.
鏑	살밑	뎍	俗呼울고도리曰鳴–	화살촉 적. [俗呼;'울고도리'를 명적(鳴鏑)]
鈚	힁그럭	피	箭名俗呼–子箭	화살 비. 화살 이름. [俗呼;비자전(鈚子箭)]
鍭	살밑	후		화살촉 후.
箭	살	젼		화살 전.
矢	살	시		화살 시.
筈	살오늬	괄		살 오늬 괄.
笴	삸대	간	亦作幹(扌箪)	화살대 간. 간(幹,(扌箪))으로도 적음.
鉦	징	졍	小曰–	징 정. 작은 징을 정(鉦)이라 함.
鑼	징	라	大曰–俗呼銅–	징 라. 큰 징을 라(鑼)라 함. [俗呼;동라(銅鑼)]
旗	긧	긔		깃발 기
纛	둑	독	天子曰寶–汎稱掛–又曰掛子	둑(의장기) 도. 天子의 깃발을 보도(寶纛)라 함. [汎稱; 괘독(掛纛), 괘자(掛子)]

形	訓	音	註	풀이
櫜	궁듸	고	俗呼弓袋	궁대(弓袋·활집) ;활과 화살을 담은 자루
鞬	궁듸	건		궁대.
韣	궁듸	독		궁대.
韔	궁듸	댱	詩曰交-	궁대 창. 《詩》 交韔二弓(교창이궁) : 활집에 활 두 개 둘러매고
鞴	동개	보	俗呼撒帒	살통 보. [俗呼;살대(撒帒·화살자루)]
靫	동개	차	俗呼엽개曰箭-	살통 채. [俗呼;덥개를 전채(箭靫)라 함]
箶	동개	호		살통 호.
簏	동개	록		살통 록.

彩色(채색)

形	訓	音	註	풀이
堊	흰흙	악		흰흙 악.
素	흴	소	又情-又一行-食練-	흴 소. / 정소(情素) / 소행(素行), 소식(素食·흰밥). 연소(練素)-
粉	붓	분	又米細爲-	분 분. / 쌀을 갈아 만듦.
白	흰	빅	又告也	흰 백. / 고(告·알리다)의 뜻.
靛	청듸	뎐	大藍作之所以染青亦作靛通作澱	청대 전. 큰 쪽으로 만들며 푸른색으로 물들임. 정(靛)이로도 적음. 통상 전(澱)이라 적음.
靑	프를	쳥		푸를 청.
黛	청딧	듸	以螺蛤爲之畫眉用	청대 대. / 소라를 가지고 만들며 눈썹화장용.
黑	거믈	흑		검을 흑.

形	訓	音	註	풀이
玄	가물	현		까말 현.
皂	거믈	조	又馬槽又皂斗작柞實又皂隷	검을 조 / 마조(馬槽:말구유)/ 조두(皂斗:도토리).작실(柞實:조롱열매)/조례(皂隷)
丹	블글	단		붉을 단.
臛	블글	확		붉을 확.
彤	블글	동		붉을 동.
赭	블글	:쟈		붉을 자.
赬	블글	뎡		붉을 정.
赤	블글	적		붉을 적.
朱	블글	쥬		붉을 주.
緋	블글	비		붉을 배.
紅	블글	훙		붉을 훙.
絳	블글	강		붉을 강.
黃	누를	황		
紫	즈딜	즈		자주 자
綠	프를	록		푸를 록
碧	프롤	벽	以上彩色取其顏料 爲物顏料치식ᄀ숨	짙푸를 벽. / 이상 채색(彩色)은 그 안료(顏料)를 취하여 물색(物色)을 만듦. / 顏料:채색감

形	訓	音	註	풀이
			布 帛 (포백)	
紗	삿	사		깁(비단) 사. (갑:엷고 가는 명주)
羅	놋	라	又列也又網也	놋(비단) 라. / 열(列:벌이다)의 뜻 / 망(網:그물)의 뜻
綾	고로	룽	俗呼綾子	무늬 비단 능. [俗呼;능자(綾子)]
段	비단	단	俗呼紵紗又體-片-	비단 단. [俗呼;저사(紵絲), 체단(體段), 편단(片段)]
縑	깁	겸	俗呼-絲	깁 겸. [俗呼;겸사포(縑絲布)]
絁	모시뵈	시	俗呼苧麻布又曰木絲布	모시 시. [俗呼;저마포(苧麻布)] /목사포(木絲布)
布	뵈	포	-子又曰-夏	베 포. 포자(布子) / 포하(布夏)라 함.
帛	비단	빅		비단 백.
氁	무즈	모	俗呼氁子	무늬 넓은 모직물 모 [俗呼;모자(氁子)]
毼	무즈	갈		모직물 갈.
氈	시욱	전	俗呼-條又曰條子	모전(毛氈) 전. [俗呼;전조(氈條), 조자(條子)]
毯	담	담	俗呼花毯又曰毯子	담요 담. [俗呼;화담(花毯), 담자(毯子)] .모포(毛布)
綈	굴근깁	뎨		굵은 깁 제.
繒	가는깁	중		가는 깁 증.
絺	가는뵈	티	葛布細曰-粗曰綌	가는 베 치. 가는 베를 치(絺), 거친 베를 격(綌)이라 함.
綌	굴근뵈	격		굵은 베 격.

形	訓	音	註	풀이
紈	깁	**환**	細而白者又素也	깁 환. 가늘고 흰 비단/ 소(素;희다)의 뜻
綺	깁	긔	有文者又細綾也	깁 기. 무늬 비단 / 가는 비단
綃	깁	쵸		깁 초.
絹	깁	견		깁 견.
錦	깂	금	俗呼紋-	비단 금. [俗呼;문금(紋錦;무늬 비단)]
紬	명디	듀		명주 주.
繸	무뤼	추	俗呼-紗	갈포 추. [俗呼;추사(繸紗)]
縠	무뤼	곡		갈포 곡.

金寶(금보)

形	訓	音	註	풀이
寶	보빗	보		보배 보.
貝	쟈개	패	卽-子又曰海(貝八)	조개 패. =패(貝巴) / 해팔(바다조개)
錢	돈	젼	俗呼銅-	돈 전. [俗呼;동전(銅錢)]
鈔	춋	쵸	卽楮貨	지폐 초. 즉, 저화(楮貨;닥나무 종이 돈)]
金	쇠	금	又黃-	/ 황금(黃金)
銀	은	은		
珠	구슬	쥬	俗呼珍-兒	구슬 주. [俗呼;진주아(珍珠兒)]
玉	옥	옥	俗呼白-羊脂-菜-	옥구슬 옥. [俗呼;백옥(白玉),양지옥(羊脂玉),채옥(菜玉)]

形	訓	音	註	풀이
銅	구리	동	黃-듀석紅-퉁	구리 동. 황동(黃銅 주석). 홍동(紅銅 퉁)
鐵	쇠	텰	俗呼鐵頭生鐵무쇠 熟鐵시우쇠	[俗呼;철두(鐵頭)].생철(生鐵 무쇠).숙철(熟鐵 시우쇠)
鍮	듀석	듀		주석 유.
鉐	듀석	석	鍮石卽黃銅	주석 석. 유석(鍮石) 즉, 황동(黃銅
汞	슈은	홍	俗呼水銀亦作澒	수은 홍. [俗呼;수은(水銀)] 홍(澒)으로도 적음.
鈆	연	연	俗呼黑-	흑연 연. [俗呼;흑연(黑鉛)]
鑞	납	랍	俗呼錫-	납 랍. [俗呼;석랍(錫鑞)]
錫	납	석	俗稱花石又賜也	주석 석. [俗呼;화석(花石)] / 사(賜:주다)의 뜻
瓊	구슬	경	玉色之美爲-非玉名	아름다운 옥 빛깔을 경(瓊)이라 함. 옥이름이 아님.
瑤	구슬	요	美玉	구슬 요. 미옥(美玉)
瑛	구슬	영	石似玉	구슬 영. 돌과 유사한 옥.
珞	구슬	락	瓔-頸飾	구슬 락. 영락경식(瓔珞頸飾 목걸이 구슬)
珍	구슬	딘	寶也貴也重中也.	구슬 진. 보(寶:보배), 귀(貴:희귀하다), 중(重:귀중하다)의 뜻
玭	진쥬	변	珍珠一云珠母亦作-又音頻	진주(珍珠) 빈. -주모(珠母). 빈(蠙 진주조개)으로도 씀. / 빈(頻)音.
璣	구슬	긔	珠不圓者	구슬 기. 모난 구슬
璧	구슬	벽	圭璧瑞玉圓者	규벽(圭璧), 서옥(瑞玉) 등 둥근 구슬

形	訓	音	註	풀이
珊	산홋	산		산호(珊瑚) 산.
瑚	산홋	호		산호 호.
瑪	마놋	마		마노(瑪瑙·석영의 일종) 마. 차돌
瑙	마놋	노		마노 마.
琉	류릿	류		유리(琉璃) 류.
璃	류릿	리		유리 류.
琥	호박	호		호박(琥珀) 호.
珀	호박	빅		호박 호.

音 樂 (음 악)

形	訓	音	註	풀이
琵	비홧	비	一琵琶四絃秋收前日一비秋收後日琶	비파(琵琶) 비. 4줄 악기; 추수 전에 비(琵), 추수 뒤에 파(琶)라 함.
琶	비홧	파		비파 파.
鐘	쇠붑	죵		쇠북 종.
磬	석겼	경	又경춋경以銅爲之口仰在上僧家所用	석경(石磬) 경. / 경쇠 경 / 동(銅)으로 만들며 구멍이 위를 향해 있다. 절에서 씀.
琴	고	금	七絃	거문고 금. 7줄 악기.
瑟	비화	슬	二十五絃	비파 슬. 25줄 악기.
笳	초뎍	가	胡一	풀피리 가. 호가(胡笳)
拍	빅	빅	拍板連六板爲之俗呼牙一	박(拍) 박(악기). 박판(拍板) 6판을 잇대 만듦. [俗呼; 아박(牙拍)]

形	訓	音	註	풀이
笙	싱	싱	十三簧又簟야	생황(笙簧) 생. 13통 피리. / 점(簟:대자리)
簫	숫	쇼	十七管又洞-無底者	퉁소 소. 17관. / 동소(洞簫). 밑이 없는 것.
管	뎌	관	如笛六孔又筆彄又主掌也又鍵也	대피리 관. 적(笛)과 같고 6구멍. / 필구(筆彄:붓대) / 주장(主掌:책임관리) / 건(鍵:자물쇠)의 뜻
籥	뎌	약	如笛三孔	대피리 약. 적(笛)과 같고 3구멍.
觱	피리	필		뿔피리 필.
篥	피리	률	觱-九七	피리 율. 필율(觱篥) 9구멍.
箏	아징	징	十三絃	아쟁(牙箏) 쟁. 13줄 악기.
笛	뎌	뎍	七孔	피리 적. 7구멍.

疾病(질병)

形	訓	音	註	풀이
疾	병홀	질		앓을 질.
病	볐	병	疾甚曰-	병(病)들 병. 앓이가 심한 것을 병(病)이라 함.
疼	알폴	동	亦作(疼䠊)	아플 동. (등:疼䠊으로도 적음.)
痛	알폴	통		아플 통.
吐	토홀	토		토할 토.
瀉	즈칠	샤		쏟을 사.
嘔	개울	구		게울 구.
噦	개울	역		게울 역.

形	訓	音	註	풀이
疲	시드러울	피		지칠 피.
憊	여윌	븨		여윌 비.
憔	셩가실	쵸		파리할 초.
悴	셩가실	췌		파리할 췌.
羸	여윌	리		
瘦	여윌	수	俗呼-子여윈놈	[俗呼;수자(瘦子)]; 여윈놈
癯	여윌	구		
瘠	여윌	쳑		여윌 척.
癬	버즘	션		버짐 선.
癜	어루러지	뎐	俗呼-疾	어루러기 전. [俗呼;전질(癜疾)]
疥	옴	개	俗呼疥瘡	옴 개. [俗呼;개창(疥瘡)]
癩	룡병	뢰	疥之甚者俗呼-病	문둥병 라(나). 옴이 심한 것. [俗呼;나병(癩病)]
疱	ᄲᅳ리	포		물집(종기) 포.
痘	힝역	두	俗呼痘瘡又曰豌豆瘡	역질(천연두) 두. [俗呼;두창(痘瘡), 완두창(豌豆瘡)]
瘰	련쥬창	라		연주창 라.
癧	련쥬창	력		연주창 역.

形	訓	音	註	풀이
蠱	좀	고	皿蟲노올고俗稱蠱疾又鼓脹病亦曰-又事也易幹-	좀(벌레) 고. 명충(皿蟲). [俗稱 고질(蠱疾)] 고창병(鼓脹病)을 고(蠱)라고도 함. / 사(事)의 뜻. 《易》蠱卦 初六 : 幹蠱(간고) : 아들이 부친의 뜻을 계승 발전시킨다.
脹	탕만	탕	俗稱膨脹	창만(복부팽만증) 창. [俗稱 팽창(膨脹)]
疔	뎡죵	뎡	俗稱)정창(疔瘡)	정창 정. [俗稱 정창(疔瘡)]
疸	황닳	:단	又俗稱疸-ᄆ딥入聲	황달 단. / [俗稱 흘단(疸疸)] 'ᄆ딥'은 入聲
哮	흘게	:효		헐떡일 효.
喘	쳔만	쳔		숨찰 천.
咳	기춤	히		기침 해.
嗽	기춤	수	俗呼咳-	기침 수. [俗呼 해수(咳嗽)]
癮	두드러기	은		
瘮	두드러기	딘		두드러기 진.
癤	브스름	졀	俗稱-子	부스럼 절. [俗稱 절자(癤子)]
痱	솜되야기	블	俗稱-子	땀띠 불. [俗稱 불자(痱子)]
疣	혹	우	俗稱-子	혹 우. [俗稱 우자(疣子)]
贅	혹	췌	又呼疣疸音	혹 췌. / 흘단(疣疸)이라 함.
癭	을혹	영	又呼-岱	물혹 영. / 영대(癭岱)라 함.
瘤	을혹	류	俗稱-瘤	물혹 유. [俗稱 영류(癭瘤)].

形	訓	音	註	풀이
跎	둥구블	타	俗呼-子	등굽을 타. [俗呼;타자(跎子)]
瘸	젊	가	俗稱-子	(손발)절 가. [俗稱 가자(瘸子)]
瘖	버워리	암	亦作暗	벙어리 암. '암(暗)'으로도 적음.
瘂	버워리	아	俗稱-子亦作啞	벙어리 아. [俗稱 아자(瘂子)]. 아(啞)로도 적음.
癩	퇴산	퇴		산증(疝症: 허리 / 아랫배가 아픈 병) 퇴.
疝	퇴산	산		산증 산.
瘻	루창	루	漏瘡	진물 루. 누창(漏瘡)
痔	디질	티	亦作-瘡	치질 치. 치창(痔瘡)으로도 적음.
癎	경간	간	俗稱癎疾	간질 간. [俗稱 간질(癎疾)]
痓	둥고돌	딜	方文云强-	등굳을 질. 《方文》: 강질(强痓)이라 함.
狂	미칠	광	俗呼風子又曰風漢-	미칠 광. [俗呼;풍자(風子)] / 풍한광(風漢狂)이라 함.
癲	미칠	뎐	俗呼-疾	미칠 전. [俗呼;전질(癲疾)]
痷	즈칠	셜		설사 설.
痢	즈칠	리	俗呼走-又稱瘴下	설사 이. [俗呼;주리(走痢)] / 대하(瘴下)라 함.
聤	귀헐	뎡		귀헐 정.
瞪	귀헐	뎨	又音質聽不聰方文作底	귀헐 질. / 질(質)音. / 듣되 귀가 밝지 않음. 《方文》:저(底)로 적음.

形	訓	音	註	풀이
癰	브스름	옹	無頭而大者陽症也	부스럼(악창) 옹. 머리가 없고 큰 것으로 상한양증(傷寒陽症)임
疽	브스름	져	無頭而大者陰症也	부스럼 저. 머리가 없고 큰 것으로 상한음증(傷寒陰症)임
瘡	헐므슬	창		헐고 진무를 창
跰	부루틀	견	亦作(幵皮)通作繭	부르틀 견. / 보통 견(繭)으로 적음.
痎	고곰	히		학질 해.
瘧	고곰	학	瘧疾	학질(瘧疾) 학. {醫: 말라리아}
痁	고곰	졈		학질 점.
癨	도와리	확	癨亂	곽란(癨亂): 위로 토하고 밑은 설사하면서 배가 질리고 아픈 급성 위장병
瘟	쟝석	온		온역(瘟疫) 온. [俗稱 온질(瘟疾)] {醫: 장티푸스} (속: 염병(染病)
疫	쟝석	역		역질(疫疾) 역. / 전염병(傳染病)
痰	춤	담		가래 담. ; 천식(喘息)
瘚	손발출	궐	通作厥	손발 찰 궐. 보통 궐(厥)로 적음.
黶	사마괴	염	俗又稱黑子	사마귀 염. / [俗稱 흑자(黑子)]
痣	사마괴	지	기의 지	사마귀(기미) 지.
皸	둘	군	凍瘡	동상(凍傷) 군. 동창(凍瘡 얼어서 생긴 피부 손상)
瘃	둘	탁	皸-凍瘡	동상 탁. 군탁(皸瘃), 동창(凍瘡)

形	訓	音	註	풀이
腫	브슬	죵	俗呼-子	부을 종. [俗呼;종자(腫子)]
膎	발셜	흔	腫起亦作(희疒希)又音希摛醫方作爂	핏발설 희. 종기가 솟는 것. (疒希)로도 적음. /희(希)음(音)/ <摛文院> 《醫方》 :흔(爂)으로 적음.
痂	더데	가	俗稱疙滓	헌데 앉은 딱지 가. [俗稱 흘재(疙滓)]
瘥	더데	차		헌데 앉은 딱지 차.
瘢	허믈	반		허물 반.
痕	허믈	흔		허물 흔.
疤	허믈	파	結凹之形俗稱疤子 허믈가진놈	허물 파. '凹'모양으로 굳어진 것. [俗稱 파자(疤子)]
疵	허믈	ᄌᆞ		허물 자.

喪葬(상장)

形	訓	音	註	풀이
崩	믈허딜	붕	帝歿曰-	무너질 붕. 제왕(帝王) 죽음을 붕(崩)이라 함.
薨	주글	훙	侯歿曰-	죽을 훙. 제후(諸侯)의 죽음을 훙(薨)이라 함.
殌	주글	졸	卿相歿曰-通作卒	죽을 졸. 공경재상(公卿宰相))의 죽음을 통상 졸(卒)이라 함.
死	주글	ᄉᆞ	士庶歿曰-	죽을 사. 사대부 등 여러 사람의 죽음을 사(死)라 함.
魂	넉	혼	隨神往來謂之-魂者神命之輔弼也肝藏-	넋 혼. 신명(神命)을 따라 오가는 것을 혼(魂)이라 함. 魂이란 神의 命을 보필하는 것. / 간(肝)은 魂을 간직.
魄	넋	ᄇᆡᆨ	並精出入謂之--者精氣匡佐也肺藏-	넋 백. 정(精)과 아울러 나드는 것을 백(魄)이라 함. 魄이란 精과 氣를 바르게 돕는 것./ 폐(肺)는 魄을 간직.
靈	신령	령	神靈	신령(神靈) 령.
輀	술위	ᅀᅵ	喪車	수레 이. 상거(喪車);상여(喪輿)

形	訓	音	註	풀이
櫬	안집	친		속널 친.
棺	안집	관	俗呼-材	속널 관. [俗呼;관재(棺材:널감)]
柩	곽	구	有屍曰-	겉널 구. 시신이 있는 것을 구(柩)라 함.
槨	밧집	곽	棺槨	겉널 곽. 관곽(棺槨:시신을 넣는 속널과 겉널))
殮	갈을	렴	大小殮	염습(殮襲) 염. 크고작은 염(殮)
屍	주검	시	通作尸	주검 시. 보통 '尸'로 적음
殯	빙솟	빈		빈소(殯所) 빈.
葬	무들	장		묻을 장. 장례(葬禮)
窀	무덤	둔	長埋	무덤 둔. 묻는 일.
穸	무덤	석	長夜	무덤 석. 죽어 매장됨.
碑	빗	비	豎石紀功	비석(碑石) 비. 功을 기리려고 세운 돌
碣	갈석	갈	短碑曰-	묘비(墓碑) 갈. 짧은 비석을 갈(碣)이라 이름.
墳	무덤	분	高曰-	무덤 분. 높은 무덤을 분(墳)이라 이름.
塚	무덤	통	封曰-	무덤 총. 흙을 북돋아 쌓은 큰 무덤을 총(塚)이라 이름.
墓	무덤	묘	平曰-	무덤 묘. 보통 무덤을 묘(墓)라 이름
壙	구모	광	穴也	구덩이 광. 굴(穴)

訓蒙字會 中 終

4-3. 訓蒙字會下 [혼합(混合)]
雜 語 (잡 어)

訓蒙字會 中 終

形	訓	音	註	풀이
混	흐릴	혼		
沌	얼일	돈	混-元氣未判陰陽未分之時	어를(엉길) 돈. 혼돈(混沌) 元氣가 陰陽으로 갈리지 않아 분별되지 않은 때.
開	열	기		열 개.
闢	열	벽		
淸	몰골	쳥	輕淸爲天	맑을 청. 가볍고 맑은 것은 하늘이 된다.
濁	흐릴	탁	重濁爲地	무겁고 흐린 것이 땅이 된다.
位	벼슬	위	列也凡所當立處皆曰-	열(列:줄)의 뜻. 무릇 마땅히 선 곳을 모두 위(位)라 이름.
奠	노흘	뎐	陳也定也頓爵也	벌려놓을 전. / 정(定)의 뜻. / 둔작(頓爵:제사)의 뜻
造	지을	조	天地撰曰造化	지을 조. 天地가 지어냄을 조화(造化)라 이름
化	도일	화	陰陽消息生育無窮曰造-	될 화. 陰陽이 자꾸 변하며 生育하는 것이 무궁(無窮)함을 조화(造化)라 이름.
斡	두를	알	運也轉也又音管	돌(두를) 알. 운행(運行)하다/ 전(轉:옮다,구르다) / 관(管)音.
旋	두를	션	運也轉也又平聲回也	돌(두를) 선. 운행(運行)하다/ 전(轉:옮다,구르다) / [平聲]회(回:돌다)의 뜻 {알선(斡旋)}
光	빗	광		빛 광.
景	볃	경	明也光景猶光陰也大也慕也	볕 경. 明(밝다)/광경(光景)=광음(光陰)과 비슷함/大(크다) / 慕(그리워하다)의 뜻.
流	흐릴	류	水行又輩也轉也	물 흐름 / 輩(수레가 죽 늘어선 모양) / 轉(굴러 옮기다)의 뜻
轉	올을	뎐		옮을 전. {轉移 자리를 옮겨 감}

形	訓	音	註	풀이
旻	하늘	민	秋曰-天	하늘 민. 가을 하늘을 민천(旻天)이라 이름.
昊	하늘	호	夏曰-天	하늘 호. 여름 하늘을 호천(昊天)이라 이름.
穹	구븓홀	궁		구붓할 궁.
窿	구븓홀	륭	穹窿天勢	구붓할 륭 (무지개처럼) 높고 둥글게 굽은 형세(形勢)
暾	힛귀	돈	日始出貌	해그림자 돈. 해가 비로소 돋는 모양
旭	힛귀	욱	日始出著明貌	해그림자 욱. 해가 바로 솟아 확실히 밝은 모양
暈	모로	운	日暈힛모로月暈둘모로	해달무리 운. 일휘(日暈:해무리), 월휘(月暈:달무리)
明	불골	명	明字或從目	밝을 명. 明자는 더러 目변이 붙음.
照	비쉴	죠		비칠 조.
曜	비쉴	요	又日曰-靈又十一-通作耀燿	비칠 요. 도는 해를 요령(曜靈)이라 함./ 11요(曜星). 보통 요(耀,燿)로 적음.
暉	비쵤	휘	日光亦作-	비출 휘. 日光 / 휘(輝)로도 적음.
暎	비쉴	영	俗作映	비칠 영. [俗; 영(映)으로 적음]
瞞	아득홀	만		아득할 만.
昧	아득홀	미	將明未明之時曰昧爽	아득할 매. 이제부터 밝아지는데 날이 채 밝지 않은 때를 매상(昧爽:먼동이 틀 무렵)이라 함.
暗	아득홀	암		아득할 암. 미명
暝	아득홀	명	晦日又夕也	아득할 명. 회일(晦日:그믐날) / 夕(저녁)의 뜻.

形	訓	音	註	풀이
暄	더울	훤		
暖	더울	난	暄暖曰春	훤난(暄暖:햇살이 따듯함)을 봄(春)이라 함.
炎	더울	염		
燠	더울	욱	-爲夏	더워지면 여름(夏)이 됨.
涼	출	량		찰(서늘할) 량.
冷	출	링	涼冷爲秋冬	찰(서늘할) 랭. 서늘하면 가을(秋)이 됨.
凍	얼	동	冰凍爲冬	얼음이 얼 면 겨울(冬)이 됨.
泮	노글	반	冰釋又爲春天	녹을 반. 빙석(冰釋:얼음이 풀림)/ 춘천(春天:봄철)이 되다)
晴	갤	청	-明又雨止日出	날갤 청. 하늘이 개어 맑음 / 비가 멎고 해가 뜸
霽	갤	제	雨止	비갤 제. 비가 멎음
霾	흙비	미	風而雨土	흙비 매. 바람 실은 흙비
曀	흐릴	예	陰而風	날씨가 우중충한데다 바람 붐.
昕	아춤	흔	朝明日出	아침 흔. 아침에 해가 떠 밝아옴
晡	나죄	포	又加申時	저녁나절 포. 신시(申時:15:00~17:00)
昃	기울	칙	日昳	기울 측. 해가 기울다.
旰	느즐	한	日晏 일안	늦을 한. 해가 저물다.(해질녘)

形	訓	音	註	풀이
古	녜	고	遠代	옛 고. 먼 시대.
今	엳	금	當時	이제 금. 그때.
翌	뉘일	익	明日	내일 익. 명일(明日);내일
昨	어제	작	隔一宵也又汎稱昔日	하루 밤 지난 때. / [汎稱 석일(昔日:옛날)]
夙	이를	숙	早也敬也	일찍(이를) 숙. 조(早:이른 아침), 경(敬:예의바르다)의 뜻.
晏	느즐	안	昕也晚也又晴天也	늦을 안. 흔(昕:아침), 만(晚:저녁), / 청천(晴天:맑은 하늘)의 뜻.
曩	아리	낭	嚮也曩昔嚮日也아리	아래 낭. 향(嚮:향하다). 낭석(曩昔:접때), 향일(嚮日:해 마주함). / 아랴 엊그제
昔	녜	셕	古也	옛 석.
人	사롬	신		사람 인.
物	갓	믈	萬物事	만물 물. 만물(萬物)과 만사(萬事)
受	바둘	슈		받을 수.
賦	틔올	부	稟受也又貢稅공세부 貢-	타고날 부. 품수(稟受:내려 받음). / 공세(貢稅) 부./ 공부(貢賦:나라에 바치는 공물과 세금)
品	추례	품	等列也衆庶也又物件 曰-果-食-	차례 품. 등열(等列:등급의 차례)./ 중서(衆庶:뭇람)/ 물건을 품(品)이라 함. / 과품(果品:여러 가지 과일/ 식품(食品:각종 먹거리) 등
彙	믈	휘	類也群也	무리(떼) 휘. 류(類:무리), 군(群:떼)
滋	부를	즈	旨也多也液也益也	불을(불어날) 자. 지(旨), 다(多:많다), 액(液:진액), 익(益:더하다)의 뜻
殖	부를	식	滋生也敷衍也培擁多 也 又骸骨曰骨殖	불을(불어날) 식. 자생(滋生:번식하다). 부연(敷衍:퍼지다). 배옹(培擁:배로가지다). 다(多:많다)의 뜻/해골(海骷)을 골식(骨殖)이라 함.

形	訓	音	註	풀이
羽	짓	우	鳥毛	새깃 우.
毛	터럭	모	毫羽又老也又河朔謂無曰毛今用沒字	터럭 모. 호우(毫羽:가는 털). 늙다.
鱗	비늘	린	魚甲	물고기 껍질.
介	당아리	개	甲蟲又耿介也又大也又助也	딱지(껍질) 개. 딱정벌레 / 경개(耿介:강직하다) /대(大:크다). 조(助:돕다)의 뜻
飛	놀	비		날 비.
潛	좀글	좀	藏也水伏流曰潛	잠길 잠. 장(藏:숨다)의 뜻. 물이 땅속으로 스며들어 흐름을 잠(潛)이라 함.
動	뮐	동		움직일 동.
植	시을	식	又俗謂材木曰木-	심을 식. / [俗謂:재목(材木)를 나무심기라 함]
蜫	벌에	곤	百蟲總名凡虫濕生寒死	벌레 충. 온갖 벌레를 총칭. 모든 벌레는 축축한데서 잘 살고 추우면 죽는다.
蟲	벌에	튱	有足曰忠無足曰豸	벌레 충. 다리달린 벌레를 충(虫), 다리 없는 벌레를 치(豸)라 함.
禽	새	금	二足有翼曰-凡畋獲飛走皆曰-	다리 둘에 날개 달린 것, 사냥할 때 날아 달아나는 것을 모두 금(禽)이라 함. {비쥬(飛走):飛禽(날짐승) 走獸(길짐승)의 준말}
鳥	새	됴	飛禽總名常時曰-胎卵曰禽	새 조. 날짐승의 총명(總名). 통상 조(鳥)라 함. 태란(胎卵:태생과 난생)을 금(禽)이라 함.
魚	고기	어	水虫有鱗者	물벌레로 비늘 가진 것
獸	즘싱	슈	四足有毛曰-	길짐승 수. 네 발에 털 달린 동물을 수(獸)라 함.
禾	쉬	화	穀之總名	벼 화. 곡물(穀物)의 총명(總名)
穀	낟	곡	百-總名五-九-又俗呼穀子亦作穀	낟알(곡식:穀食) 곡. 온갖 곡식의 總名. 5곡(五穀), 9곡(九穀)/ [俗呼:곡자(穀子).곡(穀)으로도 적음

形	訓	音	註	풀이
菓	여름	과	木實曰-	열매 과. 나무열매를 과(菓)라 이름.
蓏	ᄂᆞ물	라	草實曰-	열매 라. 풀 열매(풀씨)를 라(蓏)라 함.
菜	ᄂᆞ물	치	草可食者皆曰-	나물 채. 먹을 수 있는 풀을 모두 채(菜:나물)라 이름.
蔬	플	소	百-總名	나물 소. 온갖 나물의 총칭(總稱).
草	플	초	百卉總名又文藁曰-	풀 초. 온갖 화훼(花卉)의 총명(總名). / 원고(原稿)를 초(草)라 이름.
卉	나모	훼	百草總名	풀 훼. 온갖 풀의 총명(總名).
樹	나모	슈	竪而生植之總名	나무 수. 꼿꼿이 서서 사는 초목(草木)의 총명(總名).
木	불휘	목	樹之生死者總稱	나무 목. 살거나 죽은 모든 초목(草木)을 총칭(總稱)
根	불휘	근	木之入土曰-	뿌리 근. 초목이 땅 속에 들어있는 것을 근(根)이라 함.
荄	웃듬	히	草木總稱一云枯根	풀뿌리 해. 초목(草木)의 뿌리를 총칭. / 고근(枯根:마른뿌리)라 함.
株	웃듬	듀	木之出土曰-	밑둥(그루) 주. 초목이 땅 속에서 나온 곳을 주(株)라 이름. ★우듬(밑동, 그루터기)
幹	들궐	간	木身又事也通作榦간	밑둥(줄기,몸) 간. 초목의 몸체. / 새(事:맡다, 종사하다)의 뜻. 통상 간(榦)으로 적음.
槎	그르	사	邪斫木又桴也亦作楂	나무 벨 차. 나무를 휘어 찍음. / 부(桴:뗏목)의 뜻. 사(楂:뗏목)로도 적음.
枿	움	알	又所髡復生枝亦作蘖書由蘖	그루(터기) 알. / 나무 벤 곳에서 다시 난 가지/ 알(蘖)로도 적음. 《書·盤庚》若顚木之有由蘖 쓰러진 나무에 어린 가지가 나오는 것과 같으니.
萌	엄	밍	草初生曰-	움(싹) 맹. 풀에 새로 돋아나는 싹을 맹(萌)이라 함.芽
芽	가지	아		움(새싹) 아.

形	訓	音	註	풀이
條	가지	됴	樹正生曰幹旁生曰-	가지 조. 수목에 위로 곧게 뻗은 것을 간(幹·줄기)이라 함. 곁에 나온 것을 조(條·곁가지)라 함.
柯	가짓	가	枝-又斧柄	나뭇가지 /부병(斧柄·도끼자루)
枝	닙	지		가지 지. 보통 지(支)로 씀.
葉	닙	엽		잎 엽.
花	곳	화		꽃 화.
蘂	여희	예	花心鬚	꽃술 예. 화심수(花心鬚·꽃술, 꽃술의 수염)
英	곳부리	영	又-俊也	꽃부리 영. / 영준(英俊·영특하고 준수함)
葩	곳봉으리	파	又花貌	꽃봉오리 파. / 꽃모양
叢	떨기	총	亦作藂古作蕞	떨기 총. 총(藂)/ 옛날 총(蕞)으로도 적음
苞	떨기	포	草叢生	떨기 포. 무더기로 난 풀.
莖	줄기	깅		줄기 경. 꼬투리
蔕	고고리	톄	瓜綴當也當底也	꼭지(꼬투리) 체. 과철당(瓜綴當·참외 열매를 잇는 것). 당저(當底·열매의 밑). * 과채(瓜菜·참외 꼭지)
藤	너출	둥	俗汎稱蔓皆曰-	등나무(덩굴성 식물) 등.. [俗·범칭; 만(蔓)을 등(藤·덩굴)이라 함.
虆	너출	류		덩굴 류.
秧	움	앙	俗呼稻始生曰-針又呼魚兒曰魚-	움(싹) 앙. [俗呼; 벼의 갓 나온 싹을 앙침(秧針), 송사리를 어앙(魚秧)]
苗	이삭	묘	田禾始生曰-	밭에 벼가 갓 나온 싹을 묘(苗)라 함.

形	訓	音	註	풀이
榮	비슬	영	茂盛也木曰華草曰-又曰屋翼也	꽃부리(빛날) 영. 무성(茂盛)함의 뜻. 나무 꽃이면 화(華), 풀꽃이면 영(英)이라 함./ 옥익(屋翼:날개처럼 올라간 지붕)
華	빗날	화	又與花同又中夏曰華	빛날 화. / 화(花)와 같음. / 중하(中夏:중국)을 중화(中華)라 이름
枯	이울	고		시듦(마름) 고.
槁	이울	고		시듦(마름) 고.
柴	섭	싀	可析曰-	땔감 시. (통나무 등) 쪼갤 수 있는 땔감을 시(柴)라 함.
薪	섭	신	可束曰-	(나뭇가지 등을) 묶은 땔감을 신(薪)이라 함
蒭	쏠	추	藁也又打草曰-	꼴(마소에게 먹이는 풀) 추. 마른 풀. / 풀을 치는 것을 추(蒭)라 이름.
蕘	섭나모	요	薪也又打柴曰-又菜名蔓菁也	땔나무 요. 땔감을 침을 요(蕘)라 함./ 채소이름, 만청(蔓菁:순무)임.
稈	줄기	간	禾莖	벼의 줄기
稭	줄기	기	禾藁	줄기 개. 볏짚.
穎	이삭	영	禾末又穗也	벼의 끝자락/ 벼이삭
穗	이삭	슈	禾已長秀者	이삭 수. 벼가 자라 이삭이 팬 것.
梗	줄기	경	直也枝-又塞也詩至今爲--病也	直(곧추서다). 지경(枝梗:가지와 줄기) / 색(塞)의 뜻/《詩-大雅》(至今爲梗 이제는 병들게 하다). 경(梗)은 병(病:병폐)의 뜻이다.
莿	가싀	즈	刺芒亦作莿通作刺	자망(刺芒:가시와 바늘)/ '책(莿)' / 보통 '자(刺)'로 적음.
杈	거릴	차	丫枝	가닥 차. 'Y'모양 갈래.
梢	귿	쵸	枝末又俗謂船上篙師曰-子샤공	가지 끝 초. / [俗謂 선상고사(船上篙師):뱃사공]. 초자(梢子):사공.

形	訓	音	註	풀이
耕	갈	경	俗稱耕田	밭갈 경. 밭갈이.
耰	씨두플	우	以農器摩田履種	곰망매(씨 덮을) 우. 밭을 긁어 씨앗을 덮는 농기구.
種	시믈	죵	俗稱種田又上聲씨죵 俗稱撒種씨세타	심을 종. [俗稱 종전(種田)] -上聲 씨 종. / [俗稱살 종(撒種);씨 뿌리다]
蒔	옴겨시믈	시	更種又-蘿卽本國大 茴香	옮겨 심을 시. 다시심기. / 시라(蒔蘿)는 우리나라의 대회향(大茴香:목란과 식물의 열매)임
耘	기슴밀	운	除苗間穢	김맬 운. 잡처제거(곡식 싹 사이에 난 잡풀 없애기)
耔	붓도돌	즈	擁禾本	붇돋을 자. 곡식의 뿌리를 잡아줌.
穮	기슴밀	표		김맬 표.
薅	기슴밀	호	俗稱-華기슴민다又 稱鋤田	김맬 호. [俗稱 호초(薅草);김매다] / 서전(鋤田)이라 함.
栽	시믈	직		심을 재.
椄	접홀	접	截枝相接爲生通作接	접붙일 접. 가지를 잘라 서로 붙여 잘 살리는 것. 보통 접(接)으로 적음.
扦	것고즐	쳔	截取樹條插地培養爲 生	꺾꽂이 천. 나뭇가지를 잘라 내서 땅에 꽂아 잘 길러 살리는 것.
插	고즐	삽		꽂을 삽.
培	붓도돌	빅		북돋을 배.
擁	붓도돌	옹		북돋을 옹
零	쁜드를	령		떨어질 령.
落	딜	락	又籬-村-又始也-成	질(떨굴) 락. / 리락(籬落:울타리),촌락(村落:마을)/ 시 (始)의 뜻. 낙성(落成)=준공(竣工)

形	訓	音	註	풀이
㷠	똑	린		반쪽 린.
瓣	똑	판		반쪽 판.
當瓜	씨	당	瓜實	씨(열매) 당. 박과(오이, 참외, 수박, 박, 호박 등) 열매
瓤	어웡	양	又瓜子也	박속 양. / 박과식물의 씨
竿	댓줄기	간	釣竿낙씨	대줄기 간. 조간(釣竿:낚싯대)
箬	댓닙	약	大葉曰-亦作篛	댓잎 약. 대나무의 큰 잎을 이름. '篛'으로도 적음.
筠	댓겁질	균		대껍질 균.
籜	댓고의	탁		대껍질 탁.
稼	시믈	가	種之曰-	심을 가. 씨뿌리기=파종(播種)를 이름.
穡	거둘	쇡	斂之曰-	거둘 색. 거둬들임을 이름.
㮚	누릴	라	俗呼穀-	노적가리 라. [俗呼:곡라(穀㮚)]
樏	누리	타	小積 [禾변]	노적가리. 조금 쌓인 것.
收	거둘	슈	俗稱-割又捕也聚也	거둘 수.[俗稱:수할(收割)]/ 포(捕:붙잡다). 취(聚:모으다)의 뜻.
割	버힐	할	俗呼割田바팃곡식뷔다	벨(쪼갤) 할. [俗呼:할전(割田):밭에 곡식 베다.
刈	뷔	애		벨(자를) 예.
穫	뷜	확	刈禾	버 벨 확.

形	訓	音	註	풀이
擣	디흘	도		찧을 도.
舂	디흘	숭		찧을 용.
簸	가볼올	파	仰風揚穀以去秕穢	까부를 파. 바람에 곡물을 드날려 쭉정이 오물 제거.
晡	슬흘	벌	重舂又音肺	방아 찧을 벌. 무거운 것 방아 / 폐(肺) 音
稃	거플	부	米殼	벼 꺼풀(왕겨) 부. 미각(米殼:벼 껍질)
秕	주글	피	俗稱-子	쭉정이 피. [俗稱:비자(秕子)
穅	겨	강	穀皮	겨 강. 곡물의 껍질
麧	겨	흘	米麤屑	겨(싸라기) 흘. 미추각(米麤屑:찧은 곡식의 거친 가루)
莩	골청	부	葭中白皮	갈대청 부. 갈대 속의 흰 껍질
莢	고토리	협	皂-楡-俗呼豆莢曰豆角又蓂莢	꼬투리 협. 급협(皂莢:쥐엄나무). 유협(楡莢:느릅나무). [俗呼:두협(豆莢:꽁깍지)]. 두각(豆角:콩꼬투리). 명협(蓂莢)풀
柎	곳고의	부	花下萼足又音府樂器	꽃받침(떳목) 부. 꽃 밑의 악족(萼足:받침다리). / 부(府)音; 악기(樂器)
萼	곳고의	악	花跗	꽃받침 악. 화부(花跗:꽃등)
榾	불휫들궐	골		뿌리등걸 골.
柮	불휫들궐	돌	榾-木頭俗訛爲骨董	뿌리등걸 돌. 골돌(榾柮). 목두(木頭:끄트머리 나무토막) [俗; 와전되어 골동(骨董)이라 함]
核	씨	회	果中實	씨 핵. 과일의 한 가운데 씨.
槐	씨	골	同上意	씨 골. "

形	訓	音	註	풀이
肫	멀더건	둔	鳥臟	새 밥주머니 둔. 새의 위장(胃臟)
膍	멀더건	비	又總稱鳥臟又牛百菜	새 밥주머니 비. / 조장(鳥臟)의 총칭. / 우백채(牛百菜: 소 천엽).
距	톱	거	鷄距凡刀劍間倒刺皆曰-	발톱 거. 계거(鷄距:닭 발톱). / 모든 도검(刀劍)류의 칼날 사이에 흠이 난 것을 모두 거(距)라 함.
尾	쏘리	미	又鳥獸交接曰-	꼬리 미. / 조수(鳥獸)의 교접(交接)을 이름 : 교미(交尾).
嘴	새부리	췌	鳥口俗稱這尖-이부리쏘롣훈놈	새부리 취. / 새 주둥이. [俗稱 저첨취(這尖嘴)]: 이 부리 뾰족한 놈(말을 날카롭고 각박하게 하는 사람)
喙	부리	훼	獸口	부리 훼. 길짐승의 주둥이.
嗉	산역	소	鳥藏食處俗呼-岱	모이주머니 소. 새가 먹이를 담아두는 곳. [俗呼:소대(嗉岱:모이 자루)]
吭	새목	항	鳥喉	새 목구멍 항.
翰	짓	한	又筆也幹也	새 깃 한. / 筆(붓, 글쓰다)의 뜻. 幹(줄기, 뼈대)의 뜻.
翮	짓	격	鳥之勁羽莖俗稱翎管	깃촉 격. 새의 단단한 깃대. [俗稱 령관(翎管)]
翅	놀개	:시	又不翅猶言不止是	날개 시. / 불시(不翅)는 멈추지 않고 하는 말과 같음.
翼	놀개	익	又羽翼又敬也助也	날개 익/ '우익(羽翼:보좌하는 일) / 경(敬:공경). 조(助:돕다)의 뜻.
翶	봄놀	고		날 고
翔	봄놀	샹	詩翶翔	날 상. 《詩-鄭風》河上乎翶翔 황하 기슭을 날뛰며 노닐고 있네.
頡	ᄂ라오를	힐	飛而上曰-	날라오를 힐. 날아 위로 올라감을 힐(頡)이라 이름.
頏	ᄂ라ᄂ릴	항	飛而下曰-詩頡頏	날아내릴. 항. 날아 내려옴을 이름. 《詩-北風》燕燕于飛 頡之頏之 : 제비들 나네. 오르락내리락

- 168 -

形	訓	音	註	풀이
雌	암	즈		암컷 암
雄	수	웅		수컷 웅.
牝	암	빙		암컷 빈.
牡	수	모	禽曰雌雄獸曰牝牡或禽獸互稱	수컷 모. 날짐승; 자웅(雌雄)이라 하고, 길짐승; 빈모(牝牡)라 이름. 혹은 금수(禽獸)를 섞어 부름.
塒	깃	시	鑿墻鷄棲曰-又曰榤	홰(깃들) 시. 담을 뚫은 닭의 둥지 / 걸(榤홰: 닭이 올라앉게 가로지른 막대)
巢	깃	소	鳥棲在樹曰-	깃들 소. 새가 머물러 사는 나무를 이름. =둥지
窠	깃	과	鳥巢在穴曰-俗戱稱娼妓曰後窠子	깃들 과. 새가 깃들어 있는 굴을 이름. [俗稱 희롱하여-기생을 후과자(後窠子)]
棲	기슬	서	總稱又-亦作栖	깃들 서. 새둥지를 총칭하여 서(棲)라 함. 서(栖)로도 적음.
孶	삿기칠	즈	乳化曰-	새끼칠 자. 젖먹여 기름을 자(孶)라 함.
菢	알아늘	:포	鳥伏卵	알 품을 포. 새가 알을 감춘 모양.
卵	알	란	無乳者胎卵	젖이 없는 알
雛	삿기	추	鳥子自食曰-	새끼 추. 병아리 스스로 살아감을 추(雛)라 이름.
啄	딕머글	탁	鳥-食	쪼아 먹을 탁. 새가 먹이를 쪼아 먹음.
哺	머길	포	口飲也又食在口	먹일 포. 입에 넣어줌 / 음식물 입에 있음.
彀	삿기	구	鳥哺子食曰-	새 새끼 구. 새가 새끼에게 음식물을 먹임을 구(彀)라 함.
啼	울	뎨	禽獸通稱	울 체. 날짐승과 길짐승 울음의 통칭(通稱)

形	訓	音	註	풀이
騲	암	초	牝也禽獸通稱	암컷이며 금수(禽獸)에 두루 불림.
騍	아몰	과	牝馬歲課生駒故曰課馬俗加馬	암말 과. 암말이 세과(歲課:해마다 과세)로 망아지를 낳았기 때문에 과마(課馬)라 함. [俗가마(加馬)]
牯	수쇼	고	牡牛	수소 고. 모우(牡牛)
牸	암	ᄌ	牛馬之牝皆曰-又凡獸育子者曰-	암소(암말) 자. 마소의 암컷을 모두 이름/ 모든 길짐승이 새끼를 기르는 것을 자(牸)라 함.
犍	악대	건	俗稱-又악대한쇼	불친소 건. [俗稱건(犍)] / 불알 깐 소
犗	악대	계	犍-去勢畜	불친소 계. 건계(犍犗). 거세(去勢)한 가축(家畜).
騸	불아슬	션	-馬	불깔(거세할) 선. 선마(騸馬): 거세한 말
驐	불아슬	돈	-謂去畜勢	불깔(거세할) 돈. 거축세(去畜勢:가축불알 앗음)라 이름.
肥	슬질	비	人物通稱	살찔 비. 사람과 만물에 공통 사용.
䐑	슬질	표	馬肥也正作臕脂臕肥也	말 살찔 표. 正字는 표(臕뚱뚱할). 기름지게 살찜의 뜻
㾞	고낼	상	馬鼻流膿涕病	고름 흐를 상. 말코에 고름이 흐르는 병.
踠	물거틸	완	馬足跌又曲脚	말 구부릴 완. 말 다리 비틀거림. / 굽은 다리
羖	수양	고	-(羊歷)山羊卽염쇼	숫양 고. 고력羖(羊歷). 산양(山羊). 즉, 염소.
羝	수양	뎨	羊牡好抵觸者	숫양 저. 저촉(抵觸): 서로 부딪치거나 거스르길 좋아하는 것.
羯	악대양	갈		불칠 양 갈.
豶	악대돈	분		거세돼지 분.

形	訓	音	註	풀이
嘲	울	됴	林鳥朝-又以言相調也	울 조. 숲에 새가 아침에 욺. / 말로 서로 어울리다.
咳	울	야	水禽夜-	물과 새가 밤새 울음.
口夕	울	셕	水禽夕-	물과 새가 저녁에 울음.
鳴	우룸	명	禽獸通稱	울 명. 금수(禽獸)의 울음을 통칭.
嘶	울	싀	馬鳴又聲破曰-	울 시. 말울음 소리. / 성파(聲破:목이 쉼)를 시(嘶)라 이름.
吠	즈즐	:폐	犬鳴	짖을 폐. 개 짖는 소리.
噪	우지즐	조	鳥群鳴	우짖을 조 새 떼 지저귀는 소리.
雊	울	구	雉鳴	꿩 울음.
蠢	구믈어릴	쥰	蟲動	꼬물거릴 준. 벌레 꿈틀거림.
蝡	구믈어릴	:연	俗稱蠢然	꼬물거릴 연. [俗稱 준연(蠢蝡)]
翀	ㄴ라오롤	튱	通作冲	날아오를 충. 보통 '冲'으로 적음.
翥	놀	:쟈		날 자.
咆	우를	포		울 포.
嘷	우를	호		울 호.
叫	울	교	俗呼謂招人曰叫人	울(부르짖을) 규. 통[俗呼: 사람을 부름을 규인(叫人)이라 함] 때의 속자.
吼	우를	후		울 후.

形	訓	音	註	풀이
咂	을	잡		(깨물)물 잡.
齧	을	혈		물 혈.
噬	을	서		물 서.
咬	을	교		물 교.
觝	쎄를	뎨		빠를 저.
觸	쎄를	촉		빠를 촉.
踶	출	뎨		찰 제.
衛牛	출	위	牛展足踢人	찰 위. 소가 다리 뻗어 사람을 발로 차다.
閑	멀험	한	馬闌養馬所散也暇也 又等-부절업다.	마구간 한. 가로막을 두고 말을 기르는 곳. / 산(散:흩 다). 가(暇:겨를) 의 뜻. / 등한(等閑:소홀하다, 쓸모없 다) : 부질없다.
圈	어리	권	又平聲杯圈	우리 권. / [平聲:배권(杯圈:나무그릇)]
苙	우리	립	豕圈又白-藥名	돼지우리 립. 白笠=白芷는 약명(藥名).
棧	우리	잔	羊闌又棚也-道	양우리 잔. 붕(棚:시렁) / 잔도(棧道:험한 길에 시렁처 럼 달아 낸 길)
豢	칠	환	以穀養獸	가축 칠(기를) 환. 곡물로 가축을 먹임.
養	칠	:양	人物通稱又去聲-父 母又供-	기를(칠) 양. 사람과 동물에 공통 사용. [去聲:양부모 (養父母:부모 공양)/ 공양(供養:음식 이바지)
飼	머길	슨	通作食	먹일 사. 보통 食을 씀.
餵	머길	위	正作餧俗作喂	먹일 위. 바로 쓰면 '餧', [俗:'喂'로 적음]

形	訓	音	註	풀이
騎	톨	긔	又去聲馬軍	말탈 기. /[去聲:마군(馬軍)=기병(騎兵)]
乘	톨	승	又去聲車-	탈(오를) 승. /[去聲:수레에 탐]
駕	멍에	가	俗謂使船亦曰-船-使	[俗謂:사선(使船)] 가선(駕船), 가사(駕使)라 함.
馭	물달홀	어	通作御	말 다룰 어. 보통 御로 씀.
驏	내맛몰	산	俗呼光馬	씨말 산. [俗呼:광마(光馬)]
騃	셕다틸	송	擾銜走馬	(재갈 제쳐)말달릴 송.
馳	돌일	티		달릴 치.
驅	몰	구	策馬求行又吏語奴婢曰驅口	말몰 구. 말을 채찍질 해 가길 청함. /[吏語:노비(奴婢)를 구구(驅口)라 이름]
蒐	산힁	수	春獵	사냥 수. 봄철의 수렵.
狩	산힁	슈	冬獵	사냥 수. 겨울 수렵.
獮	산힁	션	秋獵	사냥 선. 가을 수렵.
畋	산힁	면	總稱又冬狩獵又治田也亦作佃	사냥의 총칭. / 겨울 수렵. / 治田:밭을 갈다./佃으로도 적음.
捕	자블	보		잡을 포.
釣	나슬	·됴		낚을 조.
射	뽈	:쌰	汎言則去聲射物則入聲	쏠 사. [보통은 거성(去聲), '사물을 쏘다'는 뜻이면 입성(入聲)]
屠	주길	도	殺也割也	죽일 도. 살(殺:죽이다), 할(割:쪼개다)의 뜻.

形	訓	音	註	풀이
皮	갓	피	生曰-	가죽 피. 살아있는 가죽(날것)을 이름
革	갓	혁	理曰-	가죽 혁. 손질한 가죽을 이름
韋	갓	위	柔皮熟曰-	가죽 위. 무두질 한 부드러운 가죽을 이름
鞹	갓	곽	皮去毛曰-	가죽 곽. 털을 제거한 가죽을 이름.
筋	힘	근		
角	쌜	각		뿔 각.
鬣	갈기	렵	魚龍額旁小鬣亦曰-	물고기나 용과 동물의 이마 옆에 달린 작은 갈기를 기(鬐) / 렵(鬣)이라 함.
鬃	갈기	종	俗或作鬃	[俗 더러 종(鬃)으로 적음]
鬐	지네	기	馬鬣亦曰-	지느러미 기. 마렵(馬鬣 말갈기)을 기(鬐)라고도 함.
鰾	부레	표	俗呼魚-	[俗呼;어표(魚鰾)]
蹄	굽	뎨		발굽 제.
蹢	굽	뎍		발굽 적.
蟠	서릴	반	용반(龍蟠)	용이 주위를 빙 감아 돎
蟄	수을	팁	蟲藏	숨을 칩. 벌레 따위가 숨다.
蛻	헝울	예	蟬解退皮	허물(벗을) 세(태). 매미 유충의 거죽을 벗음.
蛩	헝울	공		허울 공.

形	訓	音	註	풀이
蚛	좀머글	듕	蟲食物	좀먹을 중. 벌레 먹다.
蝕	벌에머글	식	蟲食葉曰-日月虧亦曰-	벌레 먹을 식. 벌레가 잎을 갉아먹음을 이름. 해달이 기울어짐을 이름.
蔜	목쑬	힘	草菜辛毒戰喉曰-	목쏠 힘. 나물이 매운 독이 목구멍을 찌름을 이름.
蠚	벌쑬	석	蜂蠆毒人關中曰-蠚音壑	벌쏠 석. 곤충의 가시 독이 사람 몸에 맞음. / 蠚은 학(壑)音.
馻	잰몰	찬	馬善行	잰(빠른) 말 찬. 잘 달리는 말.
騤	누웃굴	뎐	馬浴土中	나뒹굴 전. 흙 가운데 씻는 것.
騰	봄놀	둥	躍也一曰犗馬	뛰놀 등. 약(躍·뛰어오름)의 뜻, 한편 개마(犗馬·불친 말)
驤	봄놀	양	馬之低仰騰躍又舉也	뛰놀 양. 말이 밑에서 뛰어오름. / 擧(들다)의 뜻.
弨	활브리울	툐		활 부릴(시위 느슨할) 초.
弛	활브리울	이	正音始	활 부릴(시위를 벗길, 늦춤) 이. 《正音》:시(始)
檠	도지게	경	通作경檠	도지개(활을 바로잡는 틀) 경. 보통 경(檠)으로 적음.
楺土	대자비	튜	斷木作軸燥伸曲木煣音柔火煏也	대자비 추. 나무를 잘라 축을 만들고 말리고 펴고 굽인 나무를 휘어 바로잡는 것. 煣의 音은 유(柔). 화픽(火煏·불에 말리다)의 뜻.
彀	활혈	구	引滿又足也俗作句	활 휠 구. 인만(引滿·활을 힘껏 당김). / 족(足)의 뜻. [俗: 구(句)로 적음]
彍	활혈	곽	引滿	활휠 곽. 활을 한껏 당기다.
彎	활혈	만	引滿	활휠 만. 활을 있는 힘껏 당기다.
張	활지흘	댱	又姓氏	활시위 얹을 장. 당길/ 베풀(차림)/ 펼(벌림)

形	訓	音	註	풀이
祭	제훌	제		제사 제.
祀	제훌	ᄉ		제사 사
歆	자실	흠		
饗	자실	:향		
福	복	복		
祿	녹	녹		복(福), 행복, 녹봉(祿俸)
祐	복(福)	우	又助也	/ 조(助:돕다)의 뜻.
祚	복(福)	조		
宴	이바디	연	亦作醼通作燕	잔치 연. /연(醼)으로도 적음. 보통 연(燕)이라 적음.
餞	전송	젼	酒食送人遠行	전송할 전. 술과 음식을 대접하여 먼 길 떠나는 사람을 전송함.
犒	이바돌	고		음식을 주어 위로할 고
犒	이바돌	로	犒-餉軍	군량을 보내줄 로. 고로(犒犒:군사에게 음식을 주어 위로함) . 군량을 보내주어 배급하다.
餫	이바돌	운	野饋	음식 보내 위로할 운. 야게(野饋 들에서 음식을 대접함).
餉	이바돌	향	野饋正音상	군량 배급할 향. 야게(野饋) 《正音:샹》
饁	이바돌	녑	餉田正音葉	들밥 엽. 밭에서 음식을 대접함. 《正音:엽(葉)》
酺	이바돌	포	王賜-會衆飲食又祭名	잔치할 포. 왕이 회중(會衆:많이 모인 사람)에게 음식을 내린 것. / 제사 이름 ; 포제(酺祭)

形	訓	音	註	풀이
汲	기를	급		물길을 급.
注	브슬	주		부을(물댈) 주.
澡	시슬	조		씻을 조.
洗	시슬	세		씻을 세.
沐	머리ㄱ몰	목		머리감을 목.
浴	모욕	욕	澡身	목욕(沐谷) 욕. 몸을 헹구어 씻음.
漱	양지홀	수		양치(養齒)할 수
盥	놋시슬	관		낯 씻을(대야) 관.
淘	일	도	洗米	쌀일 도. =쌀을 물에 담가 휘젓고 흔들어서 티끌 등을 가려냄
淅	일	셕		쌀일(씻을) 석.
沙	일	사	又與砂同見上卷	모래(물가) 사. 사(砂:모래)와 같음. 이 책 <상권>을 보시오.
汰	일	태	沙汰	물결일 태. 사태(沙汰) : 1)많은 비 때문에 산비탈 등이 무너지는 일. 2)사람·물건이 주체할 없이 한꺼번에 많이 쏟아져 나오는 일.
泔	쓰을	감	洗米汁	뜨물 감. 쌀 씻은 국물.
潘	쓰을	번		뜨물 번.
瀋	쓰을	심		뜨물 심.
灡	쓰을	간		뜨물 간.

形	訓	音	註	풀이
笮	지즐울	책		짓누를 책.
壓	지즐울	압		짓누를 압.
澄	몰길	둥		물길을 둥
濾	몰길	려		물길을 려.
渣	즈의	사	亦作柤	찌꺼기 사. 사(柤)로도 적음.
滓	즈의	지		찌거기 재.
垽	즈의	은		앙금 은.
澱	즈의	뎐	又靑黛亦曰-	앙금 전. /청대(靑黛·쪽으로 만든 검푸른 물감)를 전(澱)이라 함.
涌	소슬	용	泉上溢	솟을 용. 샘 위로 넘치다.
沸	글흘	비	湯涌又泉涌出貌	끓을 비. 국물이 용솟음침. / 샘물이 솟아나오는 모양.
滾	글흘	곤	熱湯涌花亦作濕	끓을 곤. 열탕(熱湯·끓는 국물)이 용솟음침
湓	글흘	관	熱湯涌花	끓을 관.
添	더을	텸		더할 첨.
沃	쓰릴	옥		물 뿌릴 옥.
溢	너을	일		물 넘을 일.
濺	넘씰	건		넘칠 건.

形	訓	音	註	풀이
毃	주길	:지	通作宰	죽일 재. 보통 재(宰)로 적음.
殺	주길	살		
燅	튀홀	:퇴		튀할 퇴. (돼지·닭을) 튀하다. 뜨거운 물에 넣었다가 털을 뽑다.
燖	무더니길	심		불에 묻어 익힐 심.
撕	쁘즐	스	俗稱-碎又曰-開	찢을 사. [俗稱 사쇄(撕碎갈기갈기 찍음) / 사개(撕開]]
擷	쁘들	셥	俗稱-毛털뜯다又귀모뜯다	뜯을 엽. [俗稱 엽모(擷毛] ; 털뜯다. / 귀모뜯다.
烝	삘	중		찔(삶을) 증.
缹	뜰	부		삶을 부.
炊	밥지슬	취		밥지을 취.
爨	블디들	찬		부뚜막 찬.
烹	솔믈	핑		삶을 팽.
煮	솔믈	쟈		삶을 자.
餁	밥니글	심		밥익을 임.
熟	니글	슉		익을 숙.
饋	아ᇫㅣ삘	분	日烝飯	아시(초벌) 찔 분. 한 번 찐 밥.
餾	쁴울	류	留饋飯以氣熟	뜸들일 류. 남은 고두밥을 김으로 익힘.

形	訓	音	註	풀이
攤	펼	탄	毛布又晝睡曰-飯	수포(手布:노름)/ 주수(晝睡:낮잠)을 탄반(攤飯)이라 함.
澕	ᄆᆞᄅᆞᆯ	간	俗作乾	마를 건. [俗;건(乾)으로 적음]
擂	글	뢰	又去聲俗稱-鼓 붑티다	갈 뢰. / [去聲俗稱 :뢰고(擂鼓 북치다)]
研	글	연		갈 연. = 磨(갈다, 문지르다)
齏	다ᄆᆞᆯ	지	黍稷在器	담을 재. 찰기장과 메기장을 그릇에 두다.
盛	다ᄆᆞᆯ	셩	又去聲茂-	담을 성. / [去聲: 무성(茂盛:풀 따위가 우거져 가득함)
飣	괼	뎡		(음식을) 늘어놓을 정.
餖	괼	두	飣-盛食之貌	음식을) 늘어놓을 두. 정두(飣餖)는 음식이 가득한 모양
醃	ᄀᆞ저릴	엄	鹽漬物以藏	간 저릴 엄. 소금에 절여 담아둠.
蕃	긔흘	번	俗稱起-긔ᄒᆞ다	곰팡이 필 번. [俗稱기번(起蕃)]: 곰팡이 피다.
黴	매톨	미	物中久雨而靑	곰팡이 미. 장마에 파랗게 된 것.
浥	달ᄲᆞᆯ	읍	潤也	젖을(물 밸, 물먹을) 읍.
饐	쉴	에	飯傷熱濕	밥 쉴 애. 열기와 습기에 상한 밥
餲	쉴	애	食敗	음식 쉴 애. 음식이 상함.
醭	골아지	복	酒醋上白皮	술 골마지 복.(음식물 겉에 생기는 흰 거죽)
殕	곰퓔	부	食上生白俗稱白殕	곰팡이 필 부. 음식물 위에 생긴 흰 거죽. [俗稱 백부(白殕)]

形	訓	音	註	풀이
熇	블뙬	고	燥也火乾	불 쬘 고. 조(燥·말림)의 뜻./ 불에 말림.
煏	블뙬	핍	火乾	불 쬘 핍.
焙	블뙬	비	火乾	불 쬘 배.
烘	블뙬	홍	火乾又燎也	불 쬘 홍. / 요(燎·횃불, 화톳불)
燔	구을	번	炙膊皆曰-	구을 번. 불에 굽거나 말림을 모두 이름
炙	구을	:쟈		구을 자.
煠	데틸	잡	本音텹	데칠 잡. [本音;첩]
爚	데틸	약	又光也	데칠 약. / 光(빛)의 뜻.
爁	봇글	람	黃焦色	볶을 람. 누렇게 그을린 빛깔.
焦	누를	쵸		그을릴 초.
炮	구을	포		구울 포.
爊	고을	오	炮毛肉熟之又埋物灰中熟之卽煨也	고을(통재로 구을) 오. 털 째 구워 고기를 익힘 / 외(煨·재속에 묻어 구운 것)
煎	지질	젼	熟煮	지질 전. 익히고 삶음.
熬	봇글	오	以火而乾之不用水	볶을 오. 물을 넣지 않고 불로 말림.
炒	봇글	쵸		볶을 초.
煿	봇글	박		볶을 박.

形	訓	音	註	풀이
嘗	맛볼	샹	亦作甞	맛볼 상.
嗜	즐길	기		
饞	음식탐훌	참		음식탐할 참
渴	목ᄆᆞ롤	갈		목마를 갈.
味	맛	미		
臭	내	취	氣之總名又對香而言卽爲惡氣	내음(냄새) 취. 내음의 총칭. /좋은 향기에 반대되는 말. 즉 오기(惡氣:역한 내음)
香	곳다올	향		꽃다울(향기) 향.
馨	곳다올	형		꽃다울(향기) 형.
葷	누릴	훈	總蒜魚肉之臭皆曰-	누린내 훈. 온갖 마늘과 어육의 냄새를 모두 이름
釅	ᄆᆡ올	:엄	酒醋味美厚	매울 엄. 술과 식초의 맛이 매우 깊고 얼떨떨함.
醇	두터울	슌	酒醋味厚	두터울 순. 맛이 깊음.
醲	두터울	농	味厚酒	맛이 깊은 술.
腐	서글	부		썩을 부.
臊	누릴	조	豕臭	누린내 조. 돼지고기 냄새.
羶	노릴	젼	羊臭正音鮮	노린내 전. 양고기 냄새. 《正音》:선(鮮)
鯹	비릴	셩	魚臭通作腥	비릴 성. 물고기 냄새. 보통 '腥'으로 적음.

形	訓	音	註	풀이
辛	민올	신	金作-又十干名	매울 신. [5행: 金은 폐(肺); 辛(매운맛) 작용] /십간의 명칭(十干名稱)
辣	민올	랄	辛味又痛也	매울 랄. 매운 맛 / 통(痛:아픔)의 뜻.
酸	실	산	木作-	실 산. [5행: 木은 간(肝); 산(酸:신맛) 작용]
苦	쁠	고	又困-又快也脆也炎 上作-	쓸 고. / 곤고(困苦:고로워하다). 쾌(快:상쾌하다), 취 (脆:무르다)의 뜻. /염상(炎上:불꽃을 뿜으며 타오름)을 '苦'로 적음.
甘	돌	감	土作-	달 감. [5행: 土는 비장(脾); 甘(단맛) 작용]
甛	돌	텸		달 쳠.
鹹	뿔	함	潤下作-	짤 함.
淡	슴거울	담	又몰글담	싱거울 담. / 맑을 담.
吞	머구을	톤		머금을 탄.
含	머구을	함		머금을 함.
噙	씨블	금		씹을 금.
嚥	숨실	연	亦作咽	삼킬 연. 연(咽:삼키다)으로도 적음.
齦	너흘	근	又音銀齒根	깨물 근. // 은(銀)音;치근(齒根).
齕	너흘	흘	又音頡	깨물 흘. // 힐(頡)音
喫	머글	긱	俗省作吃	먹을 낏. [俗省(宮中); 흘(吃)이라 적음]
啖	머글	담	亦作啗	먹을 담. '담(啗)'으로도 적음.

形	訓	音	註	풀이
嗍	샐	삭		빨 삭.
吮	샐	연		빨 연.
舐	할홀	뎨	亦作舓以舌取物	핥을 제. 지(舓)로도 적음. 혀로 음식물을 섭취함.
舔	할홀	텸		핥을 첨.
啜	마실	텰		마실 철.
歃	마실	삽		
飲	마실	음	又去聲以--之也	[去聲 먹고 마시는 음식. 마실 것]
嚼	십두드릴	작	咀嚼	씹을 작. 저작(咀嚼 음식물을 씹음)
醞	비즐	온	又酒名	빚을 온. // 술 명칭
釀	비즐	양		빚을 양.
泲	바톨	즈	亦作擠	뱉을 제. 제(擠)로도 적음.
盝	바톨	록	通作漉	뱉을 록. 보통 록(漉)으로 적음.
釃	거를	싀		술거를 시.
醩	브슬	채		술부을 채.
斟	브슬	짐		술부을 짐.
酌	브슬	쟉		술부을 작.

形	訓	音	註	풀이
斛	쓸	규		술뜰(술풀) 규.
挹	쓸	읍		뜰 읍.
舀	쓸	요		뜰 요.
抒	쓸	셔		뜰 서.
獻	받주올	헌	又賢也	드릴(올릴) 헌. // 현(賢)의 뜻.
酬	가플	슈	主人進酒於客曰獻客答主人曰-	갚을 수. 주인이 손님에게 술잔을 드림을 헌(獻), 손님이 주인에게 술잔을 돌려 드림을 수(酬)라 이름.
交	섯글	교	又사귈 교	섞을 교. / 사귈 교.
錯	섯글	착	又誤也礪也鑢也	섞을 착. / 오(誤:그르칠). 려(礪:숫돌). 려(鑢:줄.갈다)의 뜻.
樂	음악	악	又音洛悅也又去聲欲也	/[낙(洛)音; 悅(기뻐하다)의 뜻. / [去聲: 욕(欲)의 뜻]
曲	놀애	곡	又阿也不直也鄉曲心曲	노래 곡. /아(阿:언덕) / 不直(곧지 않다)의 뜻 /향곡(鄕曲:시골구석) / 심곡(心曲:애뜻한 마음)
吹	불	츄	又去聲鼓-	불 취. / [去聲:고취(鼓吹:피리를 붐)]
唱	브를	챵	發歌又道也引也先也	부를 창. 노래 부름 / 도(道). /인(引:끌다)./선(先)의 뜻.
歌	놀애	가	合樂曰-	노래 가. 합쥬(合奏)를 이름.
舞	춤	무		
醉	취훌	:취		
酗	쥬정훌	후	酒失	주정할 후. 술로 인한 실수.

形	訓	音	註	풀이
耍	노릇	솨	俗謂行房亦曰-耍子	희롱할(놀릴) 사. [俗謂; 행방(行房:성관계), 사자(耍子: 장난치다)]
戲	노릇	희		놀릴 희.
鬨	짓글힐	홍	鬪聲	지껄일 홍. 싸움 소리.
鬧	짓글힐	뇨	喧囂亦作𫭜	지껄일 루. 훤효(야단스럽게 떠들다)/ 자(𫭜)로도 적음.
罵	구지즐	:마	正斥曰-	꾸짖을 매. 정척(正斥:질책하다)을 이름.
詈	구지즐	리	旁及曰-	꾸짖을 리. 방급(旁及:욕하다)
戰	싸홈	젼	有兵曰-	싸움 전. 무기를 가지고 하는 싸움을 전(戰)이라 함.
鬪	싸홈	투	無兵曰-	싸울 투. 무기 없이 하는 싸움을 투(鬪)라 함.
鋸	빗목	굴		배목(문고리) 굴.
䤱	빗목	술	俗稱鋸-	문 걸쇠 술. [俗稱굴술(鋸䤱)]
斿	긧발	유		깃발 유.
旒	긧발	류	又冕-	깃발 류. / 면류관(冕旒冠)
鋩	놀	망		칼날 망.
刃	놀	신		칼날 인.
鉎	쇠보밀	싱	方書鐵鉎鐵衣厚而墜落者	(쇠)녹슬 생. 《方書》;철생(鐵鉎)./ 철의(鐵衣:철갑옷)는 두꺼우나 이로 인해 떨어지는 것.
銹	쇠보밀	슈	俗稱上-	녹슬 수. [俗稱상수(上銹)]

形	訓	音	註	풀이
型	얼굴	형	鑄器之範	모양 형. 쇳물을 부어 만드는 그릇의 틀(거푸집)
模	얼굴	모	模範規模法也	모범(模範), 규모(規模) 法(모형)의 뜻.
鞴	불웃골	:패	俗稱風箱漢人行爐以皮爲之	풀무 배. [俗稱:풍상(風箱:바람상자)]. [漢人:행로(行爐] 가죽으로 만듦.
棅	허릿나모	례	關-子블웃드딜널아래노흔나모	허리대나무 려. / 관려자(關板子:핵심);풀무질 널 아래 놓은 나무
鐏	마기	존	柄底銳金	끝막이 존. 창자루 밑에 쇠붙이를 여민 것.
錔	마기	답	以鐵冒物頭	마개 답. 쇠붙이로 물건의 거죽을 덮은 것.
釽	잇즈르	뉴	印鼻又鏡鼻	인장 귀 뉴. / 도장 손잡이. 거울 손잡이
釦	젼메울	구	金餙器口	금테 두를 구. 그릇 주둥이를 금으로 꾸민 것.
焇	노글	쇼	鑠也鎔也	녹을 소. 삭(鑠쇠 녹일). 용(鎔녹이다)의 뜻.
烊	노글	양	銷-	녹을 양. 소양(銷烊)
焠	드물	슈	燒金水以堅之也	담글 수. 달군 쇠를 물에 넣어 굳히는 것.
鋥	ᄀ다ᄃ물	뎡		가다듬을 정.
鎔	노길	용		녹일 용.
冶	불무	야	鑄也銷也鑄匠也	풀무 야. 주(鑄:쇳물을 부어 만들다). 소(銷:녹이다). 주장:(鑄匠:주물 장인)의 뜻.
鍊	쇠니길	련		쇠불릴(쇠달굴) 련.
鍛	쇠니길	단		쇠불릴(쇠달굴) 단.

形	訓	音	註	풀이
鵰	사길	됴	亦作琱(周刂)	새길 조. 주(琱.아로새기다)로도 적음.
鏤	사길	루		새길 루.
鍍	도금훌	도	塗金飾物	도금할 도. 金을 칠해 물질을 꾸밈.
鋈	납셤훌	옥	鐵質灌錫以爲飾	도금할 옥. 맨 쇠에 주석을 부어 덮어 가림.
鑄	:딩질훌	:주		쇠불릴 주.
鎩	노겨브슬	·샤		복여부을 사.
錮	마글	고	鑄金塞隙	막을 고. 주물의 흠(구멍)을 메움.
銲	쌜	한	以藥固金鐵令相着使不解也	땜질할 한. 약으로 단단한 쇠붙이를 서로 붙여 풀리지 않도록 함.
璺	금시를	문	器破未離俗稱璺了	금(틈)갈 문. (도자기·유리그릇 등) 갈라진 금(틈. 흠.)으로 깨지지 않은 것. [俗稱.문료(璺了)]
瑕	기의	하	玉玷	기미(허물) 하. 옥점(玉玷.옥의 티)
綻	싸딜	탄	縫解俗稱-了	(실밥)터질 탄. 꿴 실이 풀림. [俗稱.탄료(綻了)]
幩	뼈딜	분	盛穀囊滿而裂	터질(찢어질) 분. 곡식을 담은 자루가 가득차서 뜯어짐.
釘	몯	뎡	鐵釘又去聲以--物	못 정. 쇠못. [去聲.못으로 물건을 박다]
鉸	사복	교	釘-又-刀又去聲裝-	가위 교. 정교(釘鉸) /교도(鉸刀)/ [去聲.장교(裝鉸.장식)]
篾	대쪽	멸	破竹束物	대쪽(대껍질) 멸. 대나무를 쪼개 물건을 묶은 것.
箍	데메울	고	或竹或鐵束物皆曰-	테메울 고. 대나무나 쇠붙이로 물건을 묶은 것을 모두 이름.

形	訓	音	註	풀이
橫	빗글	횡	縱橫又去聲不順也	비낄 횡. 종횡(縱橫:가로와 세로). [去聲·불순(不順):공손하지 않다, 손조롭지 않다)]
斜	빗글	샤		비낄 사.
攲	기울	긔		기울 기.
歪	기울	괴		기울 왜.
牮	니를	젼	俗稱-屋집니르다	일으킬(버팀목) 천. [俗稱·전옥(牮屋):지붕을 일으키다]
拄	바퇼	듀	俗稱拄杖딥ᄂᆞᆫ막대	버틸 주. [俗稱·주장(拄杖:지팡이)짚는 막대]
搘	괴올	지		괴울(받칠) 지.
梧	괴올	오	通作支吾又營求人難亦曰梧梧	괴울(받칠) 오. 보통 지오(支吾)로 적음. / 병영(兵營)에 사람을 구하기 어려움/ / 지오(梧吾:주춧돌)라 함.
穨	믈어딜	퇴		무너질 퇴.
圮	믈어딜	븨		무너질 비.
坍	믈어딜	단		무너질 단.
塌	믈어딜	탑	俚語坍塌	무너질 탑. [俚語·단탑(坍塌)]
甃	무슬	츄		(우물 쌓는) 벽돌 추.
砌	무슬	쳬		(벽돌 등을) 겹쳐쌓을 체.
築	슬	튝		쌓을 축.
壘	무슬	류	又軍壁	겹쳐쌓을 류. / / 성벽; 보루(堡壘:방어진지)

形	訓	音	註	풀이
傾	기울	경		
仄	기울	측		
撼	뮈울	함		흔들 함.
撍	뮈울	잠		흔들 잠.
撐	괴올	팅	又俗謂篙曰-子 사횟대	지탱할 탱 / [俗謂 고(篙)를 탱자(撐子)] 사이받침대.
坫瓦	괴올	뎜	支也	괼 점. 支(지탱하다)의 뜻.
皷	괴올	삽		괼 삽.
竤	괴올	궤		괼(싣을) 궤.
坑	굴	깅		구덩이 갱.
坎	굴	감		구덩이 감.
坳	우묵홀	요		우묵할 요. 가운데가 쑥 들어감.
陷	뻐딜	함		꺼질(내려앉을) 함.
磽	마ᄋ롤	교		매마를 요.
确	마ᄋ롤	각		마마를 각.
堉	마ᄋ롤	척		매마를 척.
潟	뽈	석	滷地	짤(소금밭) 석.

形	訓	音	註	풀이
溜	기슭믈	류	屋簷滴雨爲-	낙숫물 류. 지방처마에 덜어진 빗물이 이것이 됨.
毒	외촘	구	舍之隱奧處	깊숙한 곳 구. 집안에 으슥하고 구석진 곳.
基	터	긔		터 기.
址	터	지		
窊	디새닐	와		틈새기와 와.
苫	새닐	셤		이엉(거적) 점.
稕	바조	쥰	俗稱-墻	짚단 순. [俗稱 순장(稕墻 볏짚담장)
籪	량테	격	竹障俗稱亮-	대울타리 격. =죽장(竹障). [俗稱 량격(亮籪)]
孔	구무	공	又姓	구멍 공. / / 姓
穴	구무	혈		구멍 혈.
窟	구무	굴		구멍 굴.
竉	구무	롱	俗稱窟-	구멍 롱. [俗稱 굴롱(窟竉)]
罅	씀	하		틈(흠) 하.
釁	씀	흔	罅-又牲血塗器又罪也兆也	틈(흠) 흔. 하흔(罅釁) / 동물 피를 칠한 그릇. / 죄(罪). 조(兆:조짐)의 뜻.
阿	씀	아	隈也曲也丘也又慢應聲 又音遏釋典-難又美也	틈(모퉁이)아. 외(隈·물굽이). 曲(굽다). 丘(언덕)./ 만응성(慢應聲:건성으로 대답함)/알(遏)音/《석전(釋典)=佛經》; 아난(阿難 아난다)/ 미(美)의 뜻.
隙	씀	극		틈(흠) 극.

形	訓	音	註	풀이
塵	듣글	딘	又衆多貌	티끌 진. / 사람이 많은 모양
埃	듣글	애		티끌 애.
坌	듣글	분		티끌 분.
塕	듣글	옹		티끌 옹.
垢	띡	구		때(먼지,띠끌) 구.
圿	띡	갈		때낄 갈.
塊	훍무적	괴		흙무더기 괴.
墣	훍무적	벽		흙무더기 벽.
居	살	거		
處	살	쳐	又處所	거처할 처./처소(處所:사람이 살거나 머물러 있는 곳)
器	그릇	긔		그릇 기.
皿	그릇	명		
衣	옷	의	又去聲着-	/ [去聲:착의(着衣:옷을 입음)
服	옷	복	又事也又車駕馬降-	/ 사(事:일을 맡다)/ 수레나 말을 타다./ 항복(降服:항복).
財	지홧	지		재화(財貨) 재.
貨	지홧	화		재화 재.

形	訓	音	註	풀이
豊	녀름됴홀	풍		열매 좋을(아무질)
稔	니글	님	歲熟爲-	익을(여물) 염. 세(歲곡물이 잘 여문 해(1년), 즉 풍년(豊年))으로 곡식이 잘 익음.
飽	빈브를	포		배부를 포.
飫	빈브를	어		배부를 요.
歉	흠년	:겸	一穀不升曰-又食不飽	흉년(凶年)들 겸. 수확이 늘지 않은 것 / 음식이 양에 차지 않음.
儉	흠년	검	勢歉又不侈奢又少也	흉년들 검. / 사치(奢侈)하지 않고 수수함=검소(儉素) / 少(적다)의 뜻.
餒	주릴	뇌		굶주릴 뇌.
餓	주릴	아		
繰	실혈	소	抽繭爲-	실 뽑을 소. 고치에서 실을 뽑는 것.
繹	실혈	역		실 뽑을 역.
紡	사을	방	又즈슬방	실 잣을 방. / / '(실)잣을 방.'
絡	느릴	락	又더늘락	실 이을(얽을) 락. / / '(실)더 넣을 락.'
緝	삼사물	즙	又續也	길쌈할(실을 내어 옷감을 짬) 즙. / 續(잇다)의 뜻.
績	삼사물	적	又功績	길쌈할 적. /도는 공적(功績:애쓴 공로·보람)
紝	뵈놀	심	又織也	베틀에 날아놓은 실 임. / 직(織:짜다)의 뜻.
織	똘	직		짤(뜨개질, 베틀, 옷감, 교차하다) 직.

形	訓	音	註	풀이
紺	블글	감		붉을 감.
緅	블글	츄		붉을 추.
纁	블글	훈		붉을 훈.
緗	노눌	샹		노랄 상.
裁	모룰	지	又鑑-去聲	마름질(재단:裁斷) 재. / 감재(鑑裁: 재판(裁判):판결)이면 去聲
縫	호롤	봉	又去聲衣會	관(冠)의 혼솔 봉. / [去聲: 의회(衣會: 실로 꿰매 합치다]
繡	슈질	슈		수놓을 수.
刺	치질	쳑	又刃之也又刺探偵伺也又去聲譏刺名刺芒-	찌를 자 . / 刃(베다) /자탐(刺探: 정탐하다)/ 정사(偵伺: 탐정)/기자(譏刺: 꾸짖다)/명자(名刺: 명함)/망자(芒刺: 가시바늘)
穿	둘올	쳔	又着也	뚫을 천. // 착(着: 옷, 신발, 양말 등을 입다, 신다)의 뜻.
着	니블	탁	又附也	입을 착. // 부(附: 붙다, 붙이다)의 뜻.
摳	거두들	구		걷어 올릴(추어올릴) 구.
攘	거두들	건		걷어 올릴(추어올릴) 건.
裸	바솔	라		벌거벗을 라.
裎	바솔	뎡	裸-脫衣露體	벌거벗을 정. 라정(裸裎: 벌거벗음). 옷을 벗은 맨 몸.
袒	메와솔	탄	露一肩	한쪽 어깨 벗을 탄.
裼	바솔	텩	去上衣	윗옷 벗을 척.

形	訓	音	註	풀이
套	싈	토	衣一襲曰――又活套 숨틔오다	씌울(덮개) 투. 옷 한 벌을 일투(一套)라 이름. / 활투(活套):숨 틔우다. {《依倣活套(의방활투)》}
搭	걸틸	탑		걸칠(널/걸) 탑.
鞁	기르마지 홀	피	俗稱-馬鞁鞍子	(말)가슴걸이 피. [俗稱 피마(鞁馬):마장(馬裝). 말을 수레에 거는 일] / 피안자(鞁鞍子):마구(馬具).
鞔	붑메울	만	俗稱-鼓	북메울 만. [俗稱 만고(鞔鼓:북을 메움)]
裝	꾸밀	장	俗謂載物於車曰-車	꾸밀 장. [俗謂:수레에 싣는 화물을 장거(裝車:장식수레)]
鋳	스견	스	粧飾-件	장식할 사. 장식사건(粧飾鋳件:잘 꾸민 물건)
嵌	삐울	감	俗稱窟-	끼워 넣을 감. [俗稱 굴감(窟嵌)]; 오목한 홈에 끼워 넣다.
塑	훍비즐	소	埏土象物	흙 빚을 소. 흙을 이겨 사물을 본뜸.
粧	꾸밀	장	俗稱-扮	꾸밀 장. [俗稱 장분(粧扮)=화장(化粧)
扮	비슬	반	俗稱打-	꾸밀(매만져 차릴) 분. [俗稱 타분(打扮):분바르다.]
搽	브롤	차	俗稱-粉	분바를 차. [俗稱 차분(搽粉): 분을 바르다.]
抹	스슬	말	俗稱힝ᄌ曰抹布	씻을 말. [俗稱 행주를 말포(抹布:문지르기 베)]
褪	벙글	돈	俗稱衣-了	옷 바랠 퇴. [俗稱 의퇴료(衣褪了):옷이 바램]
卸	브리울	샤	俗稱-下	짐 부릴 사. [俗稱 사하(卸下):짐 풀어 내림]
襤	옷헐	람		옷 헐 람.
褸	옷헐	루	襤褸衣弊	옷 헐 루. 남루(襤褸). 옷 따위가 낡고 해지다.

形	訓	音	註	풀이
圖	그림	도		
寫	쓸	쌰		쓸(그릴) 사.
描	그릴	묘		
罨	그릴	압	–畫又網也又音庵亦網也	압화(罨畫:채색이 아름다운 그림) /망(網:그물)의 뜻/암(庵)音. 또한 망(網)의 뜻.
紋	어르누글	문		얼룩질(결) 문.
綵	빗날	치		빛날 채.
繪	그림	회		
飾	쑤밀	식		꾸밀 식.
誆	소길	:광		속일 광.
賺	소길	담	錯也正作謙市物實騙소겨아올편躍上馬	속일 잠. /착(錯:섞이다)의 뜻. 正字 겸(謙)으로 적음./시장 물실(物實:물건과 재화)을 속여 팔다.
騙	소겨아올	편		속여 빼앗을 편.;편취(騙取) / 약상마(躍上馬:뛰는 말에 올라타다)
拐	건디쥘	괘		속여 꾀어낼 괴.
博	밧골	박	俗稱博易又너블溥博	바꿀 박. [俗稱 박역(博易)]/넓을 박.:부박(溥博)
換	밧골	환		바꿀 환.
糶	뿔풀	됴		쌀팔 조. 쌀을 시장에 내다 팜.
糴	뿔살	뎍		쌀팔 적. 쌀을 사들임.

形	訓	音	註	풀이
租	공세	조	又脫駕憩息曰-駕	공세(貢稅) 조. / 수레에서 내려 숨을 돌리는 것을 조가(租駕)가 이름.
稅	공셋	세		공세 세.
貢	바틸	공		바칠 공
納	드릴	·납		
徵	물일	딩	又召也明也證也書明徵 又音五	물릴 징. / 소(召:부름,징집), 明(증명)/ 《書》明徵(명징: 분명한 증거, 사실이나 증거로 분명함)/ 지(祉) / 오(五)音.
斂	거둘	렴		
課	헬	과	又試也又課程	헤일(살필, 매길, 할당) 과. / 시(試:시험하다) / 과정(課程; 일정기간 맡긴 일의 범위,할당 정도).
式	얼굴	식	又法-	본보기 식. / 법식(法式:법도와 방식)
售	발뵐	슈	賣物去手	팔 수. 판 물건이 손을 떠남.
衒	풀	현	自矜也又行且賢也	팔(거리를 다니며 소리치며 팔다) 현. 자긍(自矜)의 뜻./행차(行且:가다서다). 현(賢:어질다)의 뜻.
賣	풀	매		팔 매.
鬻	풀	육		팔 육.
沽	살	고	通作酤又賣也	살 고. 보통 고(酤)로 적음. / 매(賣:팔다)의 뜻.
買	살	민		살 매.
購	살	구		살 구. {구입(購入:사들임)}
貿	살	무		물건 살(바꿀) 무.

形	訓	音	註	풀이
賒	왼빚	샤	白手取物償直在後曰 -買又遠也	외상 거래할 사. 빈손(외상)으로 물건을 취득하고 나중에 대금을 갚는 것을 사매(賒買)라 함./ 원(遠:멀다)의 뜻.
貰	왼빚	세	與賒同意又赦也	왼빚(세밸) 세. 사(賒)와 같은 뜻. / 사(赦:용서하다)이 뜻.)
販	도의	판	買賤賣貴曰-	장사할 판. 싼 걸것을 팔고 비싼 것을 사는 것을 이름.
贗	거즛	안	僞物古稱廢帝爲贗天子	거짓(가짜) 안. 위물(僞物:위조품) [古稱:폐제(廢帝:폐위된 임금)를 안천자(贗天子)라 함]
貼	팀바돌	텹	又粘置也裨助也	저장잡힐 첩. / 점치(粘置:달라붙다). (裨助:도와줌)
賒	민갑드릴	렴	市先入直	선금드릴 렴.
賃	셰물	님	借物酬直用過還主	세물 임. 재물을 빌려 대금을 지불하고 다 사용한 뒤 주인에게 돌려줌.
僦	셰물	취		세낼(빌릴) 취.
賄	쳔량줄	회	金玉曰-	뇌물(賂物) 줄 회. 금과 옥(귀한 재물)을 이름.
賂	쳔량줄	뢰		뇌물 줄 뢰.
贈	줄	증		내줄 증. =선사(膳賜)
貽	줄	이		내줄 이.
賞	샹급	샹	褒賜酬功	상줄 상. 포사(褒賜:칭찬하여 물품을 하사함). 수공(酬功:공로에 대해 보상함)
賜	줄	仝	自上與之	내려줄 사. 위에서 내려줌.
給	줄	급		내줄 급.
賚	줄	:뢰		내줄 뢰.

形	訓	音	註	풀이
贖	물일	쇽	又納財免罪	(대금을 치르고) 용서를 빌 속. / 재물을 바쳐 죄를 면함.=속죄(贖罪)
債	빋	채	捕財	빚질 채.
陪	물일	비	又陪侍	모실 배. / 곁에서 시중들다
償	가플	샹		갚을 상.
乞	빌	걸	又去聲與人物也	빌 걸. / [去聲:다른 사람에게 물건을 주다]
假	빌	가	又非眞也又告休沐也 俗稱告-	빌 가. / / 거짓(가짜)/ 휴가를 내다. [俗稱 고가(告假:휴가 신청)
借	빌	챠	又助也推獎也	빌릴 차. /助(돕다) / 추장(推獎:골라 장려함)
貸	뛰일	디		빌릴 대. {임대(賃貸):돈을 받고 물건을 빌려줌}
籤	사술	쳠	銳也貫也幖也	추첨(抽籤:제비뽑기)할 첨. /예(銳:날카롭다)./관(貫:꿰뚫다)/ 표(幖:깃발)
籌	사슬	듀	壺矢等也	제비뽑기 주. / 호시(壺矢:병에 화살을 던져 승부를 가리는 놀이)
占	점복	졈	卜也候也又去聲擅據	점복(占卜) 점. 후(候:묻다)/ [去聲:천거(擅據:자리를 차지하다)=점거(占據)]
筮	점복	셔	探蓍以占	점복(占卜) 서. 시초(蓍草)를 가지고 점치다.
摴	슛	뎌	-蒲四數賭博	윳(노름) 저. 저포(摴蒲:나무를 던져 승부를 가르는 놀이). 막대 4개를 가지고 하는 도박(賭博)
蒱	슛	포	初學字會摴-슛	윳(노름) 포. /《初學字會》; 저포(摴蒲):윳
賭	나기훌	도	俗稱-賽	내기(노름) 도. [俗稱:도새(賭賽)]
賽	싯굴	시	又報也	내기할 새. / 보(報:갚다)의 뜻

形	訓	音	註	풀이
攤	슛놀	탄	攤蒲포賭博	윳놀(도박할) 탄. 탄포도박(攤蒲者賭博 윷 내기)
擲	더딜	텩	擲柶	던질 척. 척사(擲柶:윷놀이)
拈	자볼	졈		잡을 점.
鬮	쌍불쥘	구	俗稱졈구(拈)	제비뽑기(추첨) 구. [俗稱졈구(拈鬮)]
輸	옴길	슈	又몯이길 슈	옮길 수. / 못이길 수.
贏	ㄱ득홀	영	又이길 영	가득할 영. / 이길 영.
勝	이길	:승	勝負又過也又戴勝烏名又平聲堪也	이길 승. 승부(勝負) /과(過:낫다) /대승(戴勝:오디새); 까마귀 이름/ [平聲 감(堪:견디다)]
敗	히야딜	패		질 패.
搔	글글	소		긁을 소.
爬	글글	파		긁을 파.
抓	긁쥘	과		할퀼(긁길) 과.
搯	더길	겹		꺼낼(퍼낼) 겹.
控	우흴	와		움겨쥘 와.
捧	우훔	봉	亦作翁又받들봉 兩手共承	움큼 봉. / 흡(翁)으로 적음. / 받들 봉. : 양 손으로 함께 올려 받들다.
抔	우흴	부		움겨쥘 부.
掬	우흴	국		움킬 국.

形	訓	音	註	풀이
搜	더드믈	수		더듬을 수.
探	더드믈	탐		더듬을 참.
括	거둘	괄		거둘 괄. 《書:-검인(檢印)》
檢	검찰홀	검	書檢印窠封題也又簽押防範也	검사(檢査) 검. 《書:-검인(檢印:검사통과도장)》 / 과봉(窠封:동지단속) /제(題:표제)의 뜻. /첨압(簽押:서명) / 방범(防範)=방비(防備)의 뜻.
蘸	즈무디를	잠		담을 잠.
杻	뷔틀	뉴		비틀 뉴.
撈	건딜	로	俗稱打-	건질 로. [俗稱타로(打撈:건져내다)]
漉	건딜	록	又滲-又與盝同-酒	거를 록. / 삼록(滲漉)/ 여록(與盝) / 동록주(同漉酒)
攬	후리쁠	람		휩쓸 람.
摟	후리쁠	루, 又아놀 루		휩쓸 루. / 안을 루.=포(抱:품다)
捗	거두쁠	보		거둘(수렴) 보
攎	거두쁠	로		당길 로.
抖	뻘	두		떨(털) 두.
擻	뻘	수		떨(털) 수.
搓	뷜	차		비빌 차.
挪	뷜	나	兩手相摩	비빌 나. 양손을 서로 문지르다.

形	訓	音	註	풀이
捻	뱌빌	녑		비틀(비꼴) 녑.
揑	뱌빌	녈		꾸밀(비틀) 날. {날조(揑造: 사실을 거짓으로 꾸밈)
撚	뱌빌	년		비틀 년.
搣	뱌빌	멸		비빌 멸.
攇	쑤빌	번		비빌 번.
挒	쑤빌	연	詩葛覃註攇-之	비빌 연. 《詩 주남》-葛覃 <註>攇挒之(번연지)
捼	쑤빌	나		비빌 나.
挱	쑤빌	사	俗稱捼-手按物	비빌 사. [俗稱 나사(捼挱)] 손으로 물건을 비비다.
擡	들	되		(치켜)들 대.
扛	멜	강		마주들 강. 짐질 항.
擔	멜	담		
摃	멜	향	俗作夯	[俗; 항(夯)으로 적음]
拂	쁠	불		떨칠(털) 불.
拭	쁠	식		씻을(닦을) 식.
搵	쓰슬	온		잠길(씰) 온.
揩	쓰슬	기		씻을 개.

形	訓	音	註	풀이
負	질	부	又恃也又背思又不償債也	짊어질 부. /시(恃;믿다) / 배사(背思)=배신(背信);저버리다 /빚을 갚지 않음
戴	일	디		일(머리위에 올려놓음) 대.
馱	시를	타		실을 타.
載	시를	지	又年也則也始也運也	실을 재./ 年(해). 則. 始(비롯하다). 運의 뜻.
擠	밀와들	제	又泲也	밀칠(배척할) 제. / 제(泲;강이름)
拶	칙칙홀	찰		짓누를 찰.
排	버릴	비	又베와돌 비	버릴(물리칠) 배. ;배척(排斥),배타(排他),배출(排出),배제(排除) / 비워둘 비.
挨	미질	애		밀칠 애.
吾	나	오		
我	나	아		
予	나	여	又去聲給也	/ [去聲:급(給:주다. 보태다)]
俺	나	암	又大也	/ 대(大)의 뜻.
咱	나	자	又音잠又音匝	/ 잠音 /잡(匝)音
自	스스로	즈	又從也	스스로 자. / 종(從:~로부터)의 뜻.
他	뎌	타		저(남, 다른) 타.
彼	뎌	피		저 피.

形	訓	音	註	풀이
誰	뉘	슈		뉘(누구) 수
孰	뉘	슉		누구
伊	저	이		
某	아못	모		아모 모.
你	너	니		
恁	너	님	又任也猶言如此	너 임. / 임(恁:생각하다) / ~이와 같다.
汝	너	셔		너 여.
爾	너	이	亦作你	너 이. / 니(你)로도 적음.
儕	번	제		벗 제.
輩	물	빅		무리 배.
廝	브릴	싀	俗稱小廝아히這廝이 놈又相也	부릴 시. [俗稱소사(小廝):아이]/ 저사(這廝):이놈/ 상(相서로)
每	물	믹	輩也常也又去聲常也 니슬믹	늘(매양) 매. /배(輩:무리)/ [去聲상(常:항상)]/ 이슬(露) 매.
冤	셜울	원		서러울 원.
讎	원숫	슈		원수(怨讐) 수.
仇	원슈	구	又匹也	원수 구. / 필(匹:짝)의 뜻
敵	굴올	뎍	敵國	겨룰 적. 적국(敵國:서로 겨루는 나라)

形	訓	音	註	풀이
偸	도즉홀	투	又薄也	도적질(훔칠) 두. /박(薄:야박하다. 인정이 박하다)의 뜻.
竊	일워슬	졀	又淺也和也	훔칠 절. / 천(淺:엷을/좁을). 화(和:유순함, 조용함)의 뜻.
攘	아슬	샹	又擾也又抒臂也	빼앗을(물리칠) 양. /요(擾:어지러울) / 날비(抒臂:팔뚝을 걷어붙일; 분발할)
奪	아슬	탈	又俚語定奪謂裁決之意	앗을 탈. [속어:정탈(定奪)은 임금의 재결(裁決)을 일컬음]
搶	후릴	창	又突也著也	후릴(빼앗을) 창. / 돌(突:부딪칠) /저(著:드러날)의 뜻.
掠	후릴	략	又笞也又捎取也又拂過也	후릴(빼앗을) 략. 노략(擄掠)질/ 태(笞:볼기칠)/ 소취(捎取:채갈) / 불과(拂過:스쳐지나갈)의 뜻
俘	사ᄅ자볼	부	軍所虜獲之人	사로잡을 부. 싸움터에서 노획(虜獲)한 사람
馘	귀버힐	괵	獲敵截左耳	귀 베일 괵. 사로잡은 적의 왼쪽 귀를 잘라냄.
聖	셩신	:셩		성인 성.
賢	어딜	현		어질 현.
廉	쳥렴	렴		청렴(결백)할 렴
哲	ᄉ못알	텰		사무쳐 알(통달할) 철.
豪	어딜	호	智過百人謂之-	호걸(어질) 호. 지혜(슬기)가 백 사람보다 뛰어난 사람을 호(豪)라 함.
傑	지조노폴	걸	才過萬人謂之-	재주 높을 걸. 재주가 모든 사람보다 뛰어난 사람을 걸(傑)이라 함.
俊	어딜	쥰	智過千人謂之-	어질 준. 지혜(슬기)가 천 명보다 뛰어난 사람을 준(俊)이라 함.
乂	다슬	예	又俊乂-	다스릴 예. / 준예(俊乂:재주나 슬기가 뛰어난 사람)

形	訓	音	註	풀이
仁	클	신	心之德愛之理又果核中實曰-	클(어질) 인. 너그러운 품성에다 천리(天理)를 아끼는 자(者) / 과일의 씨를 인(仁)이라 함.
慈	ᄌ비로일	ᄌ		자비(慈悲)로울 자.
信	미들	신	又再宿曰-	믿을 신. / 다시 묵는 것을 이름.
義	마즐	의	又本國俗釋클의行事得意曰-又節行也-士	맞을(옳을) 의./ [우리나라 풀이; 클 의.]/ 사업득의(行事得意)를 의(義)라 이름 / 절개를 지키는 행실 ; 의사(義士).
忠	튱뎡	튱	-臣	충성(忠誠) 충. 충신(忠臣:충성스런 신하)
恕	ᄆ숨져버볼	:셔		마음 접을(용서할) 서.
孝	효도	효	-子	효재(孝子:부모를 잘 섬기는 아들)
悌	아ᅀ로일	뎨	愷-詩作豈弟樂易也	공손(화평)할 제. 개제(愷悌:용모와 기상이 화평하고 단아함) 《詩》: 개제(豈弟)라 적음. / 낙이(樂易; 마음이 편안하고 즐거움)
誠	정셩	셩		정성 성.
敬	공겼	경		공경 경.
貞	고든	뎡		곧을 정.
烈	미올	렬	火猛又功烈	매울 렬. 맹렬(猛烈)할. / 불이 활활 붙은 / 공열(功烈)=공로(功勞)
恭	온곷	공		은공 공.
讓	ᄉ양	샹		사양(辭讓) 양.
謹	삼갈	근		
慧	영노홀	혜		영리할 혜.

形	訓	音	註	풀이
剛	구들	강	勁也堅也	굳셀(단단할) 강. 경(勁:굳셀), 견(堅:단단할)의 뜻.
悍	웂거울	한		사나울(억셀) 한.
勇	놀날	용		날랠 용.
智	디헷	디		지혜(智慧) 지.
强	힘셀	강	健也暴也	건(健:튼튼할). 폭(暴:억지로 시키다)의 뜻.
猛	미올	밍		매울(사나울) 맹.
暴	모딜	포	又猝也	모질 포. / 졸(猝:갑자기/졸지에)
武	미올	무	又迹也	매울(군사) 무. / 적(迹:자취)의 뜻.
尊	존홀	존		높을 존.
卑	놋가올	비		낮을 비.
貴	귀홀	귀	位高也又物不賤也	귀할(신분이 높을) 귀. 지위가 높다/ 물건이 흔하지 않다(희귀할)의 뜻.
賤	쳔홀	쳔	卑-又價少也	천할(신분이 낮을) 천. 비천(卑賤:신분이 낮고 재화가 적음) / 가소(價少:값 쌀)의 뜻.
壽	목숨	슈		목숨 수.
夭	주글	요		어릴(젊을) 요.
貧	가난홀	빈		가난할(모자랄) 빈.
富	가수멸	부		가멸찰(넉넉할) 부.

形	訓	音	註	풀이
姿	양즈	즈		모양(짓) 자.
態	양즈	틱	又-態-嬌眉之容	모양(짓) 태. /자태(姿態:고운 몸가짐이나 맵시)./ 생김새가 아리따운 미인의 얼굴.
蹤	자최	죵		자취 종.
跡	자최	·젹	亦作跡蹟	자취 적. 적(跡/蹟)으로도 적음.
進	나슬	진		나아갈 진.
退	므를	퇴		무를(물러날) 퇴.
儀	거동	의	-容又法也	거동(擧動:몸가짐) 의. 용의(儀容:태도, 차림새) / 법(法)의 뜻.
度	법돗	도	又量也又音鐸量也	법도 도. / 량(量)의 뜻. / 석(鐸)音 ; 량(量)의 뜻이다.
拜	절	빅		절 배.
揖	읍훌	읍		읍할 읍.
稽	니마조술	계	下拜首至地又平聲留止也考也	이마 조아릴 계. 아래로 머리를 숙여 땅에 닿음./ [平聲 유지(留止:머물러 묵다) / 고(考:상고할)의 뜻.
頓	니마조술	돈	拜又食一次曰-又放也	이마 조아릴 돈. 절(拜) / 한 차례 식사를 1돈(頓:1끼니)라 함. / 방(放:쉬다)의 뜻.
拱	고졸	공	兩手合持爲禮曰-手	꽂을 돈. 양 손을 마주 잡고 경례하는 것을 공수(拱手)라 이름.
叉	기릴	차	又俗稱拱手曰-手	엇갈릴 차. / / [俗稱 공수(拱手)를 차수(叉手)라 이름]
跪	술	궤		무릎 꿇을 궤.
跽	술	기		무릎 꿇을 기.

形	訓	音	註	풀이
行	녈	힝	又見下及中卷	다닐 행. / 아래 및 이 책<中卷>을 보시오.
步	거름	보		걸음 보.
坐	안줄	좌	止也行坐又去聲止處又坐罪	앉을 좌. 멈춰 앉아있다. / [去聲 머무는 곳/ 좌죄(坐罪:죄를 지어 벌을 받음)
立	셜	립		설 립.
俯	구블	부		굽을 부.
仰	울월	앙	俯-又去聲資也恃也	우러를 앙. 부앙(俯仰:아래를 굽어봄과 위를 우러러봄) [去聲: 재(資:의뢰할)/ 시(恃:믿다/받들다)의 뜻]
臥	누을	와		누울 와.
起	닐	긔		일어날 기.
踐	불올	쳔		밟을 천.
踏	불올	답		밟을 답.
踩	즐불올	채		짓밟을 차.
跑	두뤌	포	又音電蹴也	허빌(손발로 땅을 후벼 팔) 포 // 박(電)音.; 축(蹴:발로 차다)의 뜻.
蹲	줏그릴	준	又居高位坐	쭈그릴 준. / 높은 지위를 차지하고 있을.
距	줏구릴	거		쭈그릴 거.
跣	발바솔	션		발벗을 선.
踣	업드를	복	又音訃同作仆	엎드릴 복. // 부(訃)音. 부(仆)와 함께 적음.

形	訓	音	註	풀이
蹺	흔발들	교	揭足以立	한발들 교.　한 발 들고 섰.
跬	흔발옴길	규	一舉足間通作頃-步	한발 옮길 규.　한 발 들고 갈 사이. / 보통 경(頃)으로 적음./ 규보(跬步:반 걸음 정도 가까운 거리)
蹶	거틸	궐		거꾸러질 궐.
跌	거더딜	딜		거꾸러질 질.
踊	봄놀	용		뛰놀 용
躍	봄놀	약		뛰놀 약.
跳	뛰놀	됴		뛰놀 조.
趯	뛰놀	텩		뛰놀 척.
窺	엿볼	규		
覘	엿볼	뎜		엿볼 점.
顧	도라볼	고	又與雇同	돌아볼 고. // 고(雇:품살)와 같음.
看	볼	간	又去聲	/ [去聲]
見	볼	견	又與現同	/ 현(現)과 같음.
視	볼	시	亦作眡	시(眡)로도 적음.
瞻	볼	쳠		볼 첨.
覿	볼	뎍		볼 적.

形	訓	音	註	풀이
覩	볼	도		
覯	볼	구		
覽	볼	람		
觀	볼	관	又見中卷	/ 이 책 <中卷>을 보시오.
瞰	볼	감	鳥-圖	조감도(鳥瞰圖:높은 곳에서 내려다 본 그림)
眺	볼	됴		볼 조
瞬	눈굼ᄌ길	슌		눈깜짝할 순.
瞑	눈ᄀ믈	명	又去聲-眩	눈감을 명. // [去聲:명현(瞑眩 어지럽고 눈앞이 캄캄한 현상)
聾	귀머글	롱	俗稱-子	귀먹을 롱. [俗稱 롱자(聾子):귀머거리]
聵	귀머글	훼	俗稱耳聾的又音:괴	귀먹을 훼. [俗稱 이농적(耳聾的)] // '괴'음.
聰	귀볼글	총		귀밝을 총.
耾	귀울	훙		귀 울 훙.
聽	드를	텽	又去聲名聽	들을 청. / [去聲:명청(名聽 귀명창)];명창(名唱)
聒	드를	오		들을 오.
聞	드를	문	亦作肵又去聲名達曰名-	들을 문. 탑(肵)으로도 적음. / [去聲:명달(名達)을 명문(名聞)이라 함] =명성(名聲):세상에 널리 떨친 이름.
聆	드를	령		들을 령.

形	訓	音	註	풀이
談	말슴	담		말씀 담.
話	말슴	화		말씀 화.
言	말슴	언	直言曰-	말씀 언. 직언(直言;곧은 말하다)을 이름.
語	말슴	어	論難曰-去聲告也	말씀 어. 논란(論難)을 이름. [去聲고(告:알리다, 고하다)의 뜻]
謇	말구들	건	又-諤直言貌	떠듬거릴 건. / / 건악(謇諤; 떠듬거리며 직언(直言)하는 모양.
吃	혀더틀	걸	口不便言	말더듬을 흘. 입이 불편한 말.
訒	말구들	신		말더듬을 인.
訥	말구디훌	눌	言難	말더듬거릴 납. 말이 서툼.
諫	간홀	간	直言以正人之失	간언(諫言)할 간. 다른 이의 잘못을 고치도록 곧게 말함.
諍	간홀	쟁	求止其失	간쟁(諫爭)할 쟁. 잘못을 그만두길 요구함.
訐	허믈니룰	알	正音결攻發人陰私之過	(허물을)들추어낼 알. ./ 《正音:결》/ 다른 이의 개인적 비밀과 허물을 비방(誹謗)함.
訕	헐쓰릴	산	謗-	헐뜯을 산. 방산(謗訕;남을 헐뜯거나 비웃음).
說	니룰	셜	談說又與悅同喜也	말할 설. 담설(談說) / 열(悅)과 같으며 희(喜:기뻐할)의 뜻.
謊	거즛말	황		거짓말 황.
誘	달앨	유		달랠 유.
訹	달앨	튤		달랠 수.

形	訓	音	註	풀이
諂	아당홀	텸	佞言曰-	아첨할 첨. 영언(佞言:말재주가 있고 알랑거림)을 이름.
諛	아당홀	유	面從曰-	아첨할 유. 면종(面從:보는 앞에서 순종)을 이름.
佞	말잘홀	녕	有口才又不-謙辭	말잘할 영. 말 재주가 있음 / 자기를 겸손히 이르는 말.
辯	말잘홀	변		말잘할 변.
是	올홀	시	又이:시	옳을 시 / / 이 :시.
非	욀	비	又안득비	아닐 비 / 안될 비.
枉	구블	왕		굽을 왕.
直	고들	딕		곧을 직.
謗	헐쓰릴	방		헐뜯을 방.
讟	헐쓰릴	독		헐뜯을 독.
毁	헐쓰릴	훼	又헐훼	헐뜯을 훼 / 헐 훼.
譽	기릴	예	美稱也又平聲稱美之也	기릴(칭송할) 예. 미칭(美稱:아름답게 일컫는 이름)/ [平聲:칭미(稱美:훌륭하다 칭찬함)=찬미(讚美)]
譏	비우슬	긔		비웃을 기.
誚	구지즐	쵸		꾸짖을 초.
譴	허믈홀	견		허물할 견.
責	구지즐	칙	亦作嘖	꾸짖을 책. '책(嘖)'으로 적음.

形	訓	音	註	풀이
讒	하숫그릴	참		헐뜯을 참. 험담하다.
譖	하숫그릴	춤		헐뜯을 참.
訴	할	소		하소연 소.
告	고훌	고	啓也報也語也又入聲示也	알릴 고. 계(啓:가르칠). 보(報:보고할). 어(語:아뢸) [入聲: 시(示:널리 알림)의 뜻]
贓	장을	장		장물(贓物) 장. 부당하게 얻은 물건.
證	마초뜰	증		증명(證明)할 증.
誣	거줏	무		거짓 무.
覈	마촐	획	又慘刻也又糠覈則穀糠不破者又與劾同	핵실(覈實)할 핵. / 참각(慘刻:잔인할)/ 강핵(糠覈:알곡과 껍질) 즉, 곡물 부스러기를 깨지 않은 것/ 핵(劾:캐물다)과 같음. -사건을 조사하여 밝힘.
黥	피조슬	경	刺字在面以墨漬染所謂墨刑 (자자재면이묵지염소위묵형)	문신(피부 조슬) 경. 얼굴에다 먹으로 글자를 새겨 넣어 물들임. [이른바; 묵형(墨刑)]
劓	고버힐	의	截鼻之刑	코 벨 의. 코를 자르는 형벌.
剕	발버힐	비	刖足之刑	발 벨 비. 종지뼈를 베는 형벌.
刖	발버힐	월	斷足	발 자를 월. 발을 자르는 형벌
罪	허을	죄	汎稱	허물 죄. / 죄의 범칭.
辜	죄	고	又負恩曰-用孤字是亦作皐	죄지을 고. / 부은(負恩:은혜를 저버림)을 고(辜)라 하는데, '고(孤)'자를 씀이 맞다. 고(皐)로도 적음.
罰	죄줄	벌	罪罰	죄줄 벌. 죄에 대한 형벌
謫	죄줄	역	擧罪降黜	죄줄 적. 죄를 낱낱이 들어 강출(降黜:버슬을 낮추어 귀양 보냄)함.

形	訓	音	註	풀이
打	틸	타		칠 타.
拷	틸	고		칠 고.
捶	틸	췌		칠 추.
撻	틸	달		때릴 달.
趕	또츨	한	又行及也亦作趕	쫓을 간. 축(逐:쫓을). 구(驅:말달릴)의 뜻. / 간(趕)으로도 적음.
逐	조츨	특	追也黜也	쫓을 축. 추(追:쫓을, 뒤따를). 출(黜:내쫓을)의 뜻.
黜	내조츨	튤		내쫓을 출.
斥	내틸	쳑	又開拓也指言也棄也 又斥鹵又斥黜)也	내칠 척. / 개척(開拓:새로 영역을 일굼)의 뜻. 지언(指言:가리키다). 기(棄:내버릴)의 뜻/ 척로(斥鹵:소금기 많은 땅) / 척출(斥黜:벼슬을 빼앗고 내쫓음)의 뜻
奸	간곡홀	간		간사(奸詐)할 간.
詐	간곡홀	사	닉행匿行曰-又詭譎	간사(奸詐)할 사. 닉행(匿行:숨기는 행위)를 이름 / 궤휼(詭譎:교묘하고 간사스러움)
狡	간곡홀	교		교활(狡猾)할 교.
猾	간곡홀	활	狡惡也又亂也	교활(狡猾)할 활. 교악(狡惡:간교할) / 란(亂:어지럽힐)
慳	앗길	간	吝也固也	아낄 한. 린(吝:인색할). 고(固:고집할)의 뜻
悋	앗길	린	靳惜悔恨之意亦作吝	아낄 린. 인색하고 아까워함을 뉘우침. / '吝'으로도 적음.
靳	븓질길	근		인색(吝嗇)할 근
嗇	븓질길	식	貪也吝也吝-	인색할(아낄) 색. 탐(貪), 인(吝)의 뜻. 인색(吝嗇)

形	訓	音	註	풀이
懦	겁나홀	나		겁낼(겁 많을) 나. 나약(懦弱)할.
弱	약홀	약		연약(軟弱)할 약.
迷	미혹홀	미		헷갈릴(헤맬) 미. / 미혹(迷惑).
劣	미혹홀	렬	又弱也耗也又우열(優劣)	미욱할 렬. 미숙(未熟)할. / 약(弱). 모(耗:소모할)의 뜻. / 우열(優劣:넉넉함 모자람)
饕	탐홀	도	貪財爲-	탐낼 도. 재물(財物)을 탐내는 것을 도(饕)라 이름.
餮	탐홀	텰	貪食爲-又貪嗜飮食曰饕-	탐낼 철. 음식을 탐내는 것을 철(餮)이라 함 / 좋아하는 음식을 탐내는 것을 도철(饕餮)이라 함.
貪	탐홀	탐		탐낼 탐.
婪	탐홀	람		탐낼 람.
嬾	게으를	란	亦作懶	게으를 라. 라(懶)로도 적음.
惰	게으를	타	俗稱懶-	[俗稱 나타(懶惰)]
懈	게으를	히		해.
怠	게으를	틱		태.
愚	어릴	우		어리석을 우.
騃	어릴	애		어리석을 애.
癡	어릴	티	不慧	어리석을 치. 불혜(不慧:슬기롭지 않음)
憨	어릴	함	愚也俗稱-頭	어리석을 감. 우(愚)의 뜻. [俗稱 감두(憨頭)]

形	訓	音	註	풀이
好	됴홀	·호	美也又去聲愛而不釋也	좋을 호. 美(훌륭하다)의 뜻 / [去聲:사랑하되 놓지 못함]
歹	사오나올	대	又好-謂必須之辭	몹쓸(나쁠) 대. / 호대(好歹:좋고 나쁨)는 필수적인 말이라 함.
善	됴홀	션		어질(좋을) 선.
惡	모딜	악	又去聲厭惡又平聲何也	모질 악. / [去聲:염오(厭惡:싫어서 미워함)] / [平聲:하(何:어찌)의 뜻]
能	어딜	눙		어질 능.
否	몯홀	부		못할 부.
淑	됴홀	슉		어질(맑을)
慝	사오나올	특		사나울 특.
德	큰	덕		큰 덕.
行	힝덕	힝	又見上及中卷	갈 행. 윗면 및 <中卷>을 보시오.
學	비홀	혹		배울 학.
業	일홀	업	又己爲曰-	일할 업. / 자기의 소행(所行)을 이름.
才	직좃	직		재주 재.
術	직좃	슐		재주 술.
技	직조	기	方術	재주 기. 방술(方術); 기술(技術:솜씨)
藝	직조	예	才能又種也	재주 예. 재능(才能) / 종(種:씨 뿌리다)의 뜻; 종묘(種苗: 씨나 싹을 심어 가꿈)

形	訓	音	註	풀이
職	벼슬	직		벼슬 직.
任	맛솔	:심	又平聲堪也當也負也	맡을 임. / [平聲:감(堪·견딜, 감당할)]/ 당(當·지킬). 부(負·책임질)의 뜻.
資	부를	주	又財也又官銜曰-級	밑천 자. 財(재물)의 뜻. / 관함(官銜·관원의 직함)을 자급(資級)이라 함.
級	서흐레	급	階-	차례 급. 계급(階級)
功	공붓	공		공부(工夫); 공 부을.;공적(功績), 성과(成果), 업적(業績).
勣	공노	적	事業也	공적(功績) 적. 사업(事業 주로 공공(公共)업무)의 뜻.
勳	공노	훈	王公曰-	공훈(功勳) 훈. 큰 공로. 왕공(王公)등 신분이 높은 사람을 훈(勳)이라 함.
勩	잇블	예	勞力曰-	수고로울 예. 힘들여 일함을 이름.
刑	형벌	형		
政	졍ㅅ	졍		정사(政事) 정
事	일	ㅆ		공사(公事) 사.
務	힘쁠	무		힘쓸 무.
嚴	엄엄홀	엄	莊毅也又令急也又凄冷也	엄격(嚴格)할 엄. 장의(莊毅·엄숙할) / 령급(令急·독촉할)/ 처냉(凄令·써늘할)
威	위엄	위	尊嚴可畏	존엄(尊嚴)하여 두려워할만 함.
恩	은혯	은	惠澤及人	은혜 은. 혜택(惠澤)이 다른 사람에게 미침.
惠	은혯	혜	仁慈恩賜順愛及人之謂	은혜 혜. 인자(仁慈)한 은사(恩賜)와 순애(順愛)가 다른 사람에게 미침을 이름.

形	訓	音	註	풀이
統	거느릴	통	系(系)也 총(總)也	계(系:계통). 총(總:모두)의 뜻
御	거느릴	어	又天子所止所行皆曰御	/ 천자(千字)의 행동거지 모두를 어(御)라 이름.
攝	잡쥘	섭	總持又捕也權-又整飭也	잡아 쥘 섭. / 총지(撮持=총괄(總括)) / 포(捕:잡다). 권섭(權攝:임시로 사무를 맡아봄)/ 정칙(整飭:정돈할)
理	다스릴	리	又道理又木-곫	다스릴 리. / 도리(道理) / 목리(木理): (나뭇)결
撫	몬질	무	按也安慰也	어루만질 무. 안(按:어루만질). 안위(安慰:위로)의 뜻
恤	어엿블	휼	憂也愍也憐而收之也	어여쁠 휼. 우(憂:근심할) / 민(愍:불쌍히 여길)/ 가엾이 여겨 거두어줄
賑	쥐칠	진	賙也富也	건져낼(구제할) 진. 주(賙:구휼)=진휼(賑恤) / 부(富:넉넉할)의 뜻.
濟	거느릴	제	又건널제上聲--盛貌去聲涉也事遂也	거느릴 제. / 건널 제. / [上聲:제제(濟濟): 왕성한 모양] [去聲:섭(涉:건널)의 뜻].사수(事遂:일마침)
講	강훌	강	尋繹論究	강론(講論)할 강. 심역논구(尋繹論究:거듭해서 찾고 살펴서 사물의 이치를 따져 밝힘)
誨	그르칠	:회		가르칠 회.
教	그르칠	:교	又平聲使之爲也	가르칠 교./ [平聲:'~로 하여금 ~하게 함'의 뜻]
訓	그르칠	훈		가르칠 훈.
讀	닐글	독	又去聲句-	읽을 독. [去聲:구두(句讀):단어, 구절을 점이나 부호 등으로 표시함]
習	비홀	습	學-又慣熟又重也	익힐 습. 학습(學習)/ 관숙(慣熟:몸에 익을) /중(重:거듭할)의 뜻.
諷	외올	풍	又微刺也	욀 풍. / 미자(微刺)=풍자(諷刺)
誦	외올	:숑		욀 송.

形	訓	音	註	풀이
盟	밍셩	밍	歃血結信	맹세 맹. 피를 나눠 마시며 결의(結義)함.
誓	밍셋	세	與爲約信	맹세 세. 더불어 신의(信義) 약속함
禬	방법훌	염		액막이 기도할 염.
禳	양지훌	양	禬-祀祭除殃也又却變異也	액막이 기도할 양. 염양은 재앙을 없애는 제사. /변이(變異=이변(異變))을 물리치는 제사.
祈	빌	긔	叫呼請事	빌 기. 소리로 간청하는 기도를 기(祈)라 함.
禱	빌	도	求福曰-	빌 도. 복을 비는 기도를 도(禱)라 함.
讚	기릴	찬	稱美也	칭미(稱美):훌륭함을 칭송함.
頌	기릴	숑	稱述聖德	기릴 송. 성덕(聖德)을 칭찬하여 말함.
謳	놀애	구	諸衆而歌	노래할 구. 여럿이 부르는 노래=제창(齊唱)
謠	놀애	요	無章曲曰-	노래할 요. 단락(段落) 없는 노래를 이름
吟	이플	음		읊을 음.
嘯	포람	쇼		휘파람 소.
問	무를	문		물을 문.
訊	무를	신	問也告也	묻을 신. 문(問:묻을, 캐물을), 고(告:알릴)
詞	말숨	스	言也又文詞也又訟也	말씀 사. =언(言:말) / 문사(文詞:글귀에 나타난 말) / 송(訟:논쟁할)
訟	구의훌	숑	爭財爲-	다툴 송. 재산 다툼을 송(訟)이라 함.

形	訓	音	註	풀이
嬖	ᄉ랑훌	:폐		사랑할 폐.
寵	ᄉ랑훌	통		사랑할 총 .
姬	겨집	희	黃帝姓-又美女爲姬 又王妃別呼	여자 희. 황제(黃帝)의 姓이 희(姬)씨./ 미녀(美女)를 이름/ 왕비(王妃)의 별칭
姜	겨집	강	炎帝姓-姬-姜後裔 美女尤多遂爲美稱	여자 강. 염제(炎帝)의 姓이 강(羌)씨. 희(姬)은 강(羌)씨의 후예(後裔). 미녀가 특히 많아 마침내 미칭(美稱)으로 삼음.
偎	ᄉ랑훌	외	又倚也	사랑할 외 /기(倚:기대다:의지하다)의 뜻.
愛	두술	익		사랑할 애.
矜	에엿블	긍	又誇也驕矜持又矛柄	어여쁠 긍 / 과(誇:자랑할). 교만하고 뽐냄 / 모병(矛柄:창자루)
憐	에엿블	련		어여쁠(가엾게 여길) 련
皴	뻥길	쥰		살갗 틀 준.
皺	뻥길	추		살갗 틀 추.
蚩	구즐	치		궂을(더러울)
醜	더러울	취	又類也衆也	더러울 추 . 유(類:유사할). 중(衆)의 뜻.
丰	풍칠날	봉		풍채(風采)날 봉. 예쁠 봉.
艶	고을	염		고울 염.
嬌	얼울	교		아리따울 교.
姸	고을	연		고울 연.

形	訓	音	註	풀이
伉	골올	항	正音抗	짝 항. 《正音:항(抗)》
儷	골올	례	妻曰伉-	짝 려. 아내를 항려(伉儷)라 이름
雙	두	솽		둘 쌍.
對	딱	디	又答也	짝 대. / 답(答:대답할)의 뜻
孑	훈풀업슬	혈	無右臂	한팔 없을 혈. 오른팔 없는.
隻	외딱	척		외짝 척. [해례본: 딱]
孤	외로윌	고	又寡德曰-又負恩也	외로울 고. / 과덕(寡德:덕이 적음)을 이름. / 부은(負恩:은혜를 저버릴).
獨	호을	독	單也又老而無子曰-	홀로 독. 단(單:홀, 하나, 혼자)의 뜻/ 늙어서 자식이 없음을 이름.
一	훈	일		하나 일.
壹	올	일	又同上書式所用	오로지 일. / 위 <書式>에 쓴 바와 같음.
二	두	시		둘 이.
貳	버글	시	又同上書式所用	버금 이. / 위 <書式>에 쓴 바와 같음.
三	석	삼	書式作參	<書式>에 '삼(參)'으로 적음.
四	넉	스	書式作肆	넉 사. <書式>에 '사(肆)'로 적음
五	다소	오	書式作伍	다섯 오. <書式>에 '오(伍)로 적음
六	여숫	륙	書式作陸	여섯 육. <書式>에 '육(陸)'으로 적음

形	訓	音	註	풀이
七	닐굽	칠	書式作柒	일곱 칠. <書式>에 '칠(柒)'으로 적음
八	여듧	팔	書式作捌	여덟 팔. <書式>에 '팔(捌)'로 적음. [=언해본:여듧]
九	아홉	구	書式作玖	<書式>에 '구(玖)'로 적음
十	열	십	書式作拾	<書式>에 '십(拾)'으로 적음
百	온	빅	書式作伯	일백(온갖) 백. <書式>에 '백(伯)'으로 적음
千	즈믄	천	書式作仟	일천(즈믄) 천. <書式>에 '천(仟)'으로 적음
萬	일만	만	十千	일만 만. 10×1,000
億	억	억	十萬	억 억. 10×10,000
分	ᄂᆞ홀	분	判也半也又十銖爲一一	나눌 분. 판(判:나눌) 반(半:절반)의 뜻 / 10주(銖)가 1푼(分)임.
兩	두	량	十分爲一一	둘 량. 10푼(分)이 1량(兩)임.
寸	ᄆᆞ딘	촌	十分爲一一	마디 촌. 10푼(分)이 1치(寸)임.
斤	눌	근	又斧斤-又十六兩爲一一	근(중량단위) 근. / 부근(斧斤:큰 도끼 작은 도끼) /16량(兩)이 1근(斤)임.
担	셤	단	十斗爲一斛卽一担也通作擔	섬(용량단위) 단. 10말(斗)이 1곡(斛) 즉, 1섬(担)임. / 보통 '담(擔)'으로 적음.
托	바롬	탁	伸臂量物又手承物也	받칠 탁. 팔을 펴 물건을 재다. / 손으로 물건을 받들다.
咫	여듧치	지	八寸曰-	8치(길이단위) 지. 8치(寸)를 이름.
坼	훈봄	틱	又分開也毀也	한뼘 탁. / 분개(分開:갈라질). 훼(毀:헐다)의 뜻.

形	訓	音	註	풀이
左	욀	좌		왼 좌.
右	올훌	우		오른 우.
前	앒	젼		앞 전.
後	뒤	:후		
退	멀	하		
遠	멀	원	又去聲-之也	/[去聲:'~을 멀리하다. ~에 멀어지다'의 뜻]
近	갓가올	:근	又上聲-之也	가까울 근. /[上聲:'~을 가까이하다. ~에 가깝다'의 뜻]
邇	갓가올	시		가까울 이.
上	마딕	샹	又上聲升也	윗 상. /[上聲:승(升:오르다;올리다)의 뜻]
下	아래	하	又去聲降也	/ [去聲:강(降:내리다)]
內	안	늬		안 내.
外	밧	외		바깥 외.
中	가온딧	듕	又去聲注的也-興治-	가운데 중. /[去聲:주적(注的:집중할)의 뜻 / 중흥(中興:쇠하다 다시 일어남)/ 치중(治中):벼슬이름
間	숫	간	又去聲離--諜廁-	사이 간. /[去聲:이간(離間:둘 사이를 헐뜯어 멀어지게 함)/ 간첩(間諜)/ 측간(廁間)
衷	솝	듕	中也誠也	속 충. 중(中:속마음). 정성(精誠)의 뜻
裏	솝	리		속 리.

形	訓	音	註	풀이
烟	닉	연		연기(煙氣) 연.
火	블	화		불 화.
焚	브틀	분	爇又去聲野火也	불사를(불태울) 분.
燒	술	쇼	爇又去聲野火也	불사를(불태울) 소. 설(爇:불사를)의 뜻. / [去聲 야화(野火:들불)]
燄	븟곳	염		불꽃 염.
炸	븟벼록	자	亦作炸	불똥 작. '탁(炸)'으로도 적음.
煻	노을압	당		구울 당.
煨	노을압	외	又埋物灰中使熟亦曰-	구울(삶을) 외. / 물건을 묻고 재 속에서 익히는 것도 외(煨)라 함.
燬	블브틀	훼		불붙을 훼.
爇	블브틀	셜		불붙을 설.
燎	블브틀	:료	又庭燎	불붙을 료. / 정료(庭燎:변고 때 궁중에는 피운 화톳불)
燹	블브틀	션	兵亂有火曰兵-	불붙을 선. 전쟁으로 인한 화재를 병선(兵燹:전쟁으로 인한 재해)이라 함.=병화(兵火)
燼	블님글	신		불탄 끝 신.
炷	븟나올	주		불심지 주.
灰	지	회		재 회.
炱	그스름	틱	灰集屋者	그을음 태. 재가 지붕으로 모인 것.

形	訓	音	註	풀이
洚	큰믈	강	水不遵道	큰물 강. —(많은 비에) 크게 불은 물이 물길을 따라가지 않고 넘치다.
水	믈	슈		물 수.
瀰	ㄱ독홀	미		물 가득할(넓을) 미.
漫	퍼딜	만	瀰–大水–貌	물 퍼질(번질) 만. 물이 범람하여 한강물이 된 모양
漲	한믈딜	탕		물 넘칠 탕.
濫	넘씰	람		넘칠 람.
淹	ᄌ물	:엄	通作渰又滯留平聲	잠길 엄. / 통상 엄(渰)으로 적음 / 체류(滯留); 平聲임.
溺	ᄌ물	닉	又去聲與尿同	잠길 익. / [去聲: 요(尿:오줌)와 같은 뜻]
渾	얼읠	혼	又濯也	섞일 혼. / 탁(濯:씻어낼)의 뜻.
淪	얼읠	륜	又水成文曰淪漪	빠질 륜 / 물이 무늬(결)를 이룸을 륜의(淪漪:잔물결)라 함.
汪	믈너블	왕		물 넘을 왕.
濊	믈너블	예	汪濊大水貌	물 넘을 예. 왕예(汪濊) 물이 넘쳐 한강이 된 모양
泯	스밀	민		스밀 민.
滅	뻐딜	멸		꺼질 멸.
終	ᄆ춤	죵		마침내 종.
極	ㄱ재	극		가장(끝) 극.

訓蒙字會 下　終

訓蒙字會 下　終